고문서에 담긴 삶의 조건들

권이선 · 심영환 · 이은진 · 이재옥 · 이창일
이혜정 · 장원석 · 정수환 · 허원영 지음

한국학중앙연구원출판부

들어가며

옛 문서를 찾아 읽고 연구하는 일은, 지난날 사람들의 숨결과 생각을 지금에 되살리는 일이다. 반세기 가까운 세월 동안 이 책의 필자들은 나라 안팎을 두루 다니며 수십만 점의 옛 책과 문서를 모아왔다. 그 안에는 예나 지금이나 다르지 않은 삶의 기쁨과 근심, 그리고 세대를 잇는 지혜가 고스란히 담겨 있다. 어느 한 장의 문서라도 소홀히 할 수 없는 이유가 여기에 있다. 더구나 이들 자료는 오랜 세월 가문에서 자부심으로 지켜온 귀한 것이기에, 그 외양을 보존하고 가치를 밝혀내는 일에 공을 들이지 않을 수 없다.

옛 문서를 연구하는 일은 쉽지 않다. 한문이라는 언어의 벽이 있고, 문서마다 시대의 맥락과 전문 용어가 버텨 서 있다. 그러나 이 어려움을 넘어 옛 문서를 친숙하게 소개하고 싶다는 바람으로, 필자들은 이전에도 대중이 흥미롭게 읽을 수 있는 책을 펴낸 바 있다. 다행히 독자들의 따뜻한 반응이 이어져, 이번에는 그보다 한 걸음 더 나아간 책을 내어놓게 되었다.

이번에 펴내는 『고문서에 담긴 삶의 조건들』은 이름 그대로 옛 문서라는 원천 자료를 새롭게 살펴본 책이다. 이번 책에서는 한 사람의 삶이 시작되는 '탄생'의 시기에

얽힌 문서들을 중심으로 다루었다. 사람은 태어날 때 일정한 제도와 문화, 예법과 가문의 틀 속에서 세상에 나온다. 바로 그 '틀'을 비춰주는 문서들이 곧 우리의 삶을 이해하는 열쇠가 된다는 생각에서였다.

아홉 명의 필자가 세 가지 주제로 나누어 글을 썼다. 총 스물일곱 편의 글은 각각의 개성이 살아 있으면서도 서로 어울린다. 1부와 2부는 '탄생의 자리'와 '탄생의 여건'을 다루며, 생명의 의미와 삶의 제도적 기반을 탐색한다. 마지막은 '옛 문서 규탐(窺耽)'이라 이름하여, 주제에 얽매이지 않고 자유롭게 옛 문서 속 세계를 엿본 글들을 모았다. '규탐'은 흥미롭게 들여다본다는 뜻으로, 이번 책의 분위기를 잘 보여준다.

바쁜 연구 일정에서도 기꺼이 글을 맡아주신 필자 선생님들께 깊이 감사드린다. 옛 문서에 담긴 옛 사람의 삶은 결코 지나간 이야기만은 아닐 것이다. 옛것을 거울삼아 내일을 생각하라는 옛 성현의 말씀처럼, 이 책이 오늘을 사는 우리에게 작지만 따뜻한 감동이 되기를 바란다. 끝으로, 출간을 위해 애써주신 한국학중앙연구원 출판부 여러분께도 진심으로 감사드린다.

국사봉 아래 장서각 고문서연구실에서

이창일 識

차례

1부 탄생의 자리
삶이 시작되는 곳

2부 탄생의 여건

제도와 관습, 삶의 틀이 된 문서들

3부 옛 문서 규탐(窺耽)

흥미롭게 엿본 기록의 세계

1부
탄생의 자리

삶이 시작되는 곳

1.

장자, 생명이 만들어가는 의미

돌은 왜 물에 가라앉고, 나무는 왜 뜰까? 이에 대한 철학자들의 생각이 크게 갈린다. 내부적·인과적·이원론적 인식과 관계적·상관적·불이(不二)적 사고의 차이라 할 수 있다.

아리스토텔레스(기원전 384~322)는 돌은 가라앉는 성질을, 나무는 뜨는 성질을 지녔기 때문이라고 보았다. 원인을 물질 내부에 설정한 이런 사고방식은, 사물의 성질이 원자의 형태에서 비롯된다고 본 데모크리투스(기원전 460?~389?)의 원자론과 맞닿아 있다. 얼핏 너무나 당연한 대답 같지만, 이 안에는 사고의 거대한 맹점이 있다. 돌이 물에 가라앉는 것은 돌의 '내재적' 성질이 아니라, 돌이 '물'과 만났을 때 드러나는 '관계적' 성질이기 때문이다.

돌은 물에서는 가라앉지만, 거센 바람이 불면 날아간다. 그렇다고 돌이 '날아가는 성질'을 지닌 것은 아니다. 환경의 변화에 따라 돌의 행태가 달라질 뿐이다. 나무가 물 위에 뜨는 것도 마찬가지다. 그것은 나무의 내재적 성질이 아니라, 물이라는 환경과의 '관계'에서 나타나는 반응이다.

아리스토텔레스의 역학을 극복한 현대 물리학의 중력(gravity)은 바로 이러한 '관계적 개념'이다. 중력은 물체가 서로 끌어당기는 힘, 즉 두 존재의 관계를 설명한다.

우리는 인간의 본성을 말할 때도 종종 그 구체적 상황과 환경을 제거하고 추상적으로 생각한다. 생명에 대해 논하기 전에, 생명을 추상적으로 다루는 사유의 오류를 반면교사로 삼을 필요가 있다. 우리 역시 이런 추상적 사유의 함정에 자주 빠지기 때문이다. 철학사에서 과정이나 역동적 관계를 고정된 실체로 바꾸어 버리는 일은 위대한 철학자들에게서조차 흔히 발견되는 오류다.

전통적 형이상학적 사고, 즉 존재론은 '실재'와 '본질'이 존재하며, 현상은 그것을 불완전하게 반영(플라톤적)하거나 본질을 실현하려는 목적(아리스토텔레스적)으로 본다. 인간본성이 있다고 주장하는 철학자들은 많다. 그것이 사회적 동물(아리스토텔레스)이든, 자기 이익을 추구하는 존재(현대 신고전파 경제학자들)든, 리비도 에너지(프로이트)든, 신의 형상(아우구스티누스)이든 간에, 모든 인간 안에 어떤 보편적이고 추상적인 실체가 있다고 본다. 그러나 이러한 보편적·당위적 규정 속에서 인간의 일상은 단순화되고, 우리는 종종 '인간본성'이라는 이름의 보편성에 종속된다.

끊임없이 자본을 증식해야 살아남는 현대 자본주의 사회에서 '이윤의 극대화가 인간본성'이라고 말하는 것은 무엇을 의미할까? 그것은 체제를 정당화하는 이데올로기가 된다. 자본의 논리에 봉사하는 행위만을 '합리적'이라 인정하고 나머지를 배제하는 거대한 억압의 틀 속에서 인간은 점점 옥죄인다.

쟝 폴 사르트르(1905~1980)의 선언 "실존은 본질에 앞선다"는 이런 사고에 맞선 저항의 깃발이었다. "우리의 삶에 미리 주어진 목적이 있는가?"에 대해 사르트르는 없다고 단언한다. "인간은 자유롭도록 저주받은 존재"이기 때문이다. 실존주의는 이런 초월적 인간론을 거부하고, 현실에 내던져진 인간의 소외와 불안, 그리고 그 해결되지 않은 상태 자체를 사유의 대상으로 삼았다. 인간의 자유는 초월자나 보편자의 의미가 사라진 세계 속에서, 단독자로 살아가는 고독의 맛을 지닌다.

1980년대 이후에는 미셸 푸코(1926~1984)로 대표되는 포스트모더니즘적 사유가 지적 세계를 뒤덮었다. 인간은 규정 불가능하며 권력·언어·문화에 의해 만들어지는 산물이라는 인식이다. 광인과 정상인, 선과 악,

아름다움과 추함의 구분은 근거를 잃고, 모든 것은 우연과 권력의 작용 속에서 이해된다. 그러나 이런 사유에는 인간의 능력과 문명에 대한 허무주의의 그림자가 짙게 깃들어 있다.

그렇다면 인간의 본성이 없다는 말은 인간이 무한히 권력과 문화에 의해 조작 가능한 존재라는 뜻일까? 인간은 무(無)라는 의미일까? 인간의 본성을 거부한다고 해서 인간을 역사와 권력의 산물로만 규정할 필요가 있을까? 목적이 없다고 해서 우리는 허무주의에 빠져야 할까? 정말로 우리는 정상과 광인을 구분할 수 없을까? 선과 악을 판별하는 일이 불가능한가?

푸코는 후천성 면역결핍 증후군조차 권력의 음모나 문화적 구성물로 여겼으나, 결국 그 병으로 생을 마쳤다. 역설적으로 그의 죽음은 그의 철학이 가진 한계를 드러낸 상징적 사건이었다. 실제 인간의 경험은 이런 극단적 상대주의와 잘 맞지 않는다. 건강과 불건강은 시대마다 정의가 달라도, 우리의 몸은 진화가 만들어낸 일정한 항상성을 지니며 불건강에 반응한다. 세균이 침투하면 자연적으로 발열하고, 자외선에 노출되면 피부색이 바뀐다. 진화 과정 속에는 성공적인 반응과 실패한 반응이 있으며, 그로 인해 어떤 개체는 살아남고 어떤 종은 사라진다.

인간은 주어진 관계 속에서 태어나[命], 역사를 거치며 자신을 만들어 간다[性]. 그러나 역사와 시간 속에 놓여 있다는 사실이 인간을 우연하거나 허무한 존재로 만드는 것은 아니다. 삶이란 과거와 미래, 가까운 것과 먼 것, 타자와 나를 포괄하고 배척하며 조응하는 과정 그 자체이다. 그 속에서 비로소 '무엇인가'가 만들어진다.

대추 한 알 - 장석주

저게 저절로 붉어질 리는 없다
저 안에 태풍 몇 개
저 안에 천둥 몇 개
저 안에 벼락 몇 개
저게 저 혼자 둥글어질 리는 없다
저 안에 무서리 내리는 몇 밤
저 안에 땡볕 두어 달
저 안에 초승달 몇 날이 들어서서
둥글게 만드는 것일 게다
대추야
너는 세상과 통하였구나

인간이 살아간다는 것은 우연히 스쳐 지나가는 무

의미한 관계의 반복이 아니다. 타인을 자기 안으로 들이고, 그를 내면화하는 과정이다. '모어(母語)'라는 말 그대로, 언어는 혀끝에서 흘러나온 파동을 아이가 받아 자기 것으로 만드는 데서 시작된다. 인간 집단의 유사한 몸짓과 표정, 행동의 유사함 또한 서로를 바라보며 공유한 문화적 자산에서 비롯된다.

휴대전화가 없던 시절, 친구들은 가끔 내 목소리와 아우의 목소리를 구분하지 못했다. 오래 함께 지낸 사람들의 목소리 톤이나 말투가 닮아가는 것도 그런 까닭이다. 연인 사이에도 둘만이 공유한 경험이 쌓이면서 여러 내밀한 약속이 생긴다. 함께 보던 꽃잎이 떨어질 때, 함께 듣던 거리의 노래가 흘러나올 때 우리는 자연스레 그 사람을 떠올린다. 그대는 이미 내 안에 들어와 있는 것이다. 심지어 그대가 떠난 뒤에도, 그와 관련된 사소한 상징 하나가 그때의 감정을 되살려 눈물을 짓게 한다.

동아시아의 시인과 학자들이 타국에 망명하거나 유랑할 때에도, 그들은 자신을 빚어낸 고향의 땅을 그리워했다. 결국 그 어머니의 땅에 묻혀 하나가 되고자 했다. 과육이 익어가는 것도 이와 같다. 봄과 여름, 가을과 겨울을 거치며 태풍과 천둥, 땡볕과 추위를 견뎌내는 과정 속에서 주변의 환경을 내재화하고, 그것을 스스로의 살로 바꾼 결과물이다.

삶의 의미는 절대자나 세속이 부여한 가치에 종속되지 않는다. 그런 의미란 애초에 고정되어 있지 않다. 주어진 관계를 받아들이는 것[命], 그리고 그 관계 속에서 나를 내면화하며 창조적으로 대응하는 것[生], 이 두 과정이 얽혀 경험의 네트워크를 만든다. 생명의 과정 자체가 만들어내는 결정체, 곧 통[通]이 그 의미를 드러낸다. 그 의미는 만물의 차이를 보편자로 환원시키는 데서 나오지 않는다. 다시 반복할 수 없는, 잊기 힘든 체험을 통해 자기와 타인을 독자적인 삶으로 주조하는 데서 비로소 빛난다.

『장자(莊子)』에서 장주(莊周)와 혜시(惠施)는 늘 말다툼하는 친구였다. 두 사람의 대화에는 재치와 논리가 번갈아 흐르고, 서로 밀고 당기며 부딪치지만 결국 다시 만나고야 마는 우정이 있다. 장주의 아내가 세상을 떠났을 때 혜시가 조문을 오자, 그는 북을 두드리며 노래했다. 다소 엉뚱해 보이는 장면조차 둘 사이의 오랜 교유를 엿보게 한다. 어느 날 두 사람은 강가를 거닐다 정자 위에서 잉어를 바라보며 '물고기의 즐거움[魚之樂]'을 두고 논쟁을 벌인다. 철학사 전체를 통틀어 가장 재미있는 대화 중 하나다. 장주는 돈이 떨어질 때면 혜시를 찾아가고, 만나면 또 티격태격한다. 그렇게 수많은 사유의 파편이 그들의 논쟁 속에서 태어났다. 그러나 먼저 세상을 떠난 것은 혜시였다. 장주는 혜시의 장례식에서 친구를 회고하며 이렇게 말한다.

> 장자는 장례를 마치고 돌아오다 혜시의 무덤 곁을 지나며, 뒤따르던 사람들을 향해 말했다. "옛날 영나라에 한 사람이 있었다. 그가 자신의 코끝에 파리 날개만한 진흙을 올려놓고, 석 장인에게 그것을 도끼로 쳐내게 하였다. 석 장인이 바람을 일으키며 도끼를 휘둘러 그 진흙을 쳐냈으나, 코끝은 털끝만큼도 다치지 않았다. 영나라 사람은 표정 하나 바꾸지 않고 그 자리에 서 있었다. 송나라의 원군이 이 말을 듣고 석 장인을 불러 이렇게 말했다. '과인을 위해 그 재주를 한 번 보여주시오.' 그러자 석 장인은 대답하였다. '저는 평생 도끼질을 해왔지만, 이제는 제 도끼가 이미 죽어버렸습니다.' 혜시가 죽어버려서 나의 도구로 삼을 것이 없다. 나와 더불어 이야기할 사람이 없다."

필자는 『장자』 「서무귀(徐無鬼)」의 장자와 혜시 이야기를 들을 때마다 〈Puff, The magic dragon〉이라는 노래가 떠오른다. 바다 위에서 인연을 맺은 용과 소년이 있다. 용은 포효하고 불을 뿜으며 해적을 물리쳤지만, 소년이 자라 어느 날 그 곁을 떠나자 용은 더 이상 불을 뿜으며 용맹을 드러낼 수 없었다. 무의미한 세계 속 다시는 재현될 수 없는 그 우정 속에서, 우리는 비로소 '의미'라는 것을 만들어간다.

『장자』는 한국 철학 전통의 중요한 한 축을 이룬다. 특히 불가에서는 이를 경전처럼 애독하며, 선사들의 사유 속에 깊이 스며들었다. 고성 옥천사 보장각에 소장된 『장자경(莊子經)』은 이러한 전통을 잘 보여주는 대표적인 예다. 이 판본은 한국학중앙연구원 장서각에서 조사·정리했다.

장원석

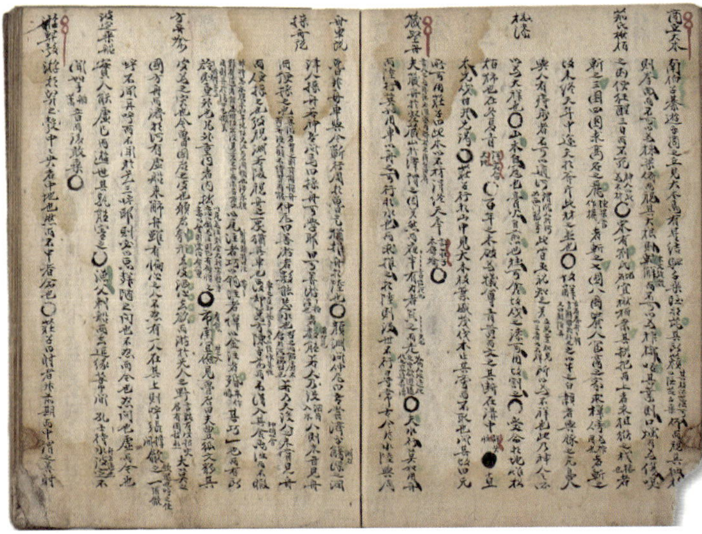

『장자경』(고성 옥천사 보장각 소장)

2.
문중 통문, 조상을 위해 우리를 위해

조상의 묘소가 있는 선산(先山)은 생전의 '효(孝)'가 사후에도 이어지는 모습을 가장 잘 보여주는 공간이다. 조상을 좋은 곳, 즉 명당(明堂)에 모시고 오랫동안 별탈 없이 수호하는 일은 매우 중요하게 여겨졌다. 명당의 기운이 자손에게 미쳐 음덕(蔭德)을 쌓으면 가문이 번창한다는 믿음이 굳건했기 때문이다. 이러한 조상 수호의 전통을 잘 보여주는 자료가 바로 '부여 은산 함양박씨 구당 박세영 종가(扶餘 恩山 咸陽朴氏 九堂 朴世榮 宗家)'에 남아 있는 문중 통문(門中通文)이다.

1895년(고종 32) 10월은 임실군수로 부임한 지 얼마 되지 않은 박시순(朴始淳, 1848~1907)에게 조상의 묘소를 둘러보기에 적절한 시기였다. 그의 임지인 전라도 임실에는 동종(同宗)의 사람들이 많이 살고 있었고, 함양박씨 선산이 자리한 경상도 함양과의 거리도 멀지 않았다. 그는 10월 14일 함양으로 출발해 여러 종인(宗人)과 회포를 나눈 뒤, 가장 먼저 사금동(賜琴洞)에 있는 1세 상서공 박선(朴善)의 묘소를 찾았다. 사금동 선산의 단안산(單案山)이 이미 다른 성씨에 의해 점유된 지 100여 년이 넘었다는 이야기를 들었기 때문이었다.

박선은 함양박씨의 시조로, 고려조 예부상서를 지낸 인물이다. 사금동 선산은 감여가(堪輿家, 지관)로부터 산과 물이 모이고 기운이 맑으며, 등을 기대는 형상인 괘등형(卦燈形)의 명당으로 평가받은 함양 8대 명당 가운데 하나였다. 그러나 박시순이 직접 찾아가 본 결과, 선산에는 이미 투장(偸葬)된 무덤이 즐비했고, 금양(禁養)으로 보호받아야 할 송추(松楸) 또한 타인이 차지한 지 오래였다. 인근 안의(安義) 노천동(蘆川洞)에 있는 9세 상서공 박원겸(朴元廉)의 묘소는 사금동보다 침탈이 덜했으나, 봉분과 묘갈(墓碣)의 형태가 거의 사라진 상태였다.

박시순은 1895년부터 1897년(건양 2)까지 임실군수로 재직하는 3년 동안 함양과 안의 지역에 위치한 선산을 정상화하기 위한 일에 심혈을 기울였다. 그중에서도 사금동의 상황이 가장 심각했으므로, 산송(山訟, 묘지를 둘러싼 소송)이 불가피했다. 선산이 문중 전체의 뿌리이자 상징이었기 때문에, 무엇보다 동종 사람들의 뜻을 모으는 일이 중요했다.

이에 박시순은 선산을 직접 살핀 직후, 자손들이 돌보지 못한 사이 선산에 투장이 늘고 송추가 도난당하는 등 폐단이 심하다는 사실을 알리고, 사금동에 모여 대종회(大宗會)를 열 것을 촉구하는 통문(通文)을 발송했다. 구당공파(九堂公派)를 중심으로 소요당공파(逍遙堂公派), 명헌공파(明軒公派)가 연합한 대종회는 몇 차례 연기된 끝에, 1897년 3월 그믐날 사금동에서 제사를 지내고 문중의 중대사를 논의했다.

회의 결과에 따라 4월에는 임실군수 박시순이 직접 앞장서 사금동에 투장된 무덤을 파낼 것을 요청하는 단자(單子)를 올렸다. 이 과정에서 산송 판결과 직접 관련된 함양군수 오성묵(吳成默), 산청군수 서상빈(徐相斌), 진주부관찰사 이항의(李恒儀) 등 지방관들과, 각 관청의 이속(吏屬)들에게 여러 차례 편지를 보내며 적극적으로 협의한 정황이 확인된다. 그는 임실군수로서의 공적 지위를 활용하여 선산 수호에 앞장섰던 것이다.

임실군수직에서 물러난 뒤인 1898년(광무 2) 11월, 박시순은 경유사(京有司)로 있으면서 개성 군위박씨 종중(宗中)에 통문을 보냈다. 비록 관향(貫鄕)은 달랐지만, 함양박씨와 군위박씨 모두 시조 1세 박선으로부터 9세 박원겸에 이르는 선조를 함께 모시는 같은 뿌리의 후손이었기 때문이다.

박시순은 임실군수로 부임한 뒤 사금동과 노천동의 선산이 훼손된 상황을 직접 확인하고, 대종회를 거쳐 산송을 진행했다. 그는 투장한 무덤을 파내고 봉분과 묘갈을 정비하는 등 선산의 원형을 회복하는 데 힘썼다고 밝혔다. 이 과정에서 사용된 비용은 4,300여 냥에 달했는데, 이는 당초 함양박씨 3파가 분담하기로 한 액수보다 800냥이 초과된 금액이었다. 박시순은 부족한 비용을 충당하기 위해 군위박씨 종중에 통문을 보내, "조상이 같은 자손으로서 마땅히 선조를 위한 일을 함께 완수해야 한다"는 도리로 호소하며 500냥의 지원을 요청했다.

부여 은산 함양박씨 구당 박세영 종가에는 이 통문 외에도 제사 봉행, 위토(位土) 관리, 족보 간행 등 문중의 공통 사안을 논의하기 위해 작성된 여러 문중 통문이 전한다. 이러한 통문은 각지에 흩어져 있던 함양박씨 3파의 의견을 하나로 모으는 역할을 했을 뿐 아니라, 필요할 경우 다른 종중에 협조를 요청하여 비용을 분담하고 조상을 위한 일을 함께 추진하는 실질적 수단으로 기능했다.

> 다음은 통고(通告)하는 일입니다. 귀 파의 일족은 비록 군위(軍威)를 관향(貫鄕)으로 하나 시조 상서공(尙書公) 휘는 선(善)부터 8세손 상서공 휘는 원겸(元廉)으로 이어져 우리와 선조가 같습니다. 시조 상서공의 산소는 함양군(咸陽郡) 사금동(賜琴洞)에 있으며 그 아래 7세는 전해지지 않고 8세에 이르러 상서공의

산소는 안의군(安義郡) 노천동(蘆川洞)에 있어 지금까지 제사[香火]를 유지하고 초채(樵採)를 금하는 곳입니다. 지난 을미(1895년, 고종 32) 겨울에 제가 임실군수로 가서 산소를 둘러보았는데 사금동은 국내(局內)에 투총(偸塚)이 즐비하고 금양(禁養) 또한 다른 사람이 차지했습니다. 노천동은 몰래 묻은 것은 무덤 2개에 불과하나 형태가 무너져서 전혀 모양을 갖추지 못했으며 묘갈(墓碣)도 깨져서 남은 비(碑)는 없고 갈(碣)의 흔적만 남아있었습니다.

타고난 떳떳한 양심에 저절로 애통하고 억울한 마음을 금하지 못하여 먼저 사금동 산송의 일로 각도 동종에 윤고(輪告)하고 다시 대종회를 거쳐 군부(郡府)와 경부(京部)에 서둘러 호소했습니다. 정유(1897년, 건양 2) 4월에 법부(法部)에서 훈령으로 신칙하여 진주부에서 산청군수를 뽑아 파견하고 도형(圖形)을 가지고 조사를 행했습니다. 몰래 묻어서 파낸 것이 24총이고 몰래 팔아서 도로 추심(推尋)한 것이 5개 록으로 군부의 입안을 다시 내어 오랫동안 준행할 계획입니다. 무술(1898년, 광무 2) 봄에 또 다시 봉사(封莎)하고 신도비(神道碑) 옆에 짧은 갈을 세우고 그 일을 기록하니 사금동 전체 구역의 모습이 환히 바뀌었습니다. 노천동의 투총은 한편으로는 독촉하여 파내고 한편으로는 아직 파내지 못했으며 다시 봉사하고 갈을 세우니 비록 오래되었지만 새로워졌습니다.

일이 시작되고 끝난 4년 사이에 사금동에 쓰인 비용은 합이 엽전 3,400여 냥이고 노천동에 쓰인 비용은 합이 900여 냥입니다. 우리 26대조의 산소인 사금동은 동방 우리 박씨의 도시조이니 각파에 분배하여 차례대로 거두었으나 오히려 800여 냥이 더 지출되었습니다. 18대조의 산소인 노천동은 우리 가문 3파 및 귀 파 외에 다른 자손이 쓸 명목이 없고 더구나 구획할 방도가 없습니다. 자손이 선조를 위해 일을 마치는 것은 마땅히 행해야 할 도리이니 일을 주관하는 자가 비록 재산을 탕진할지라도 어찌 공을 요구하고 참견을 하겠으며, 이미 조상이 같은 자손 또한 입을 다물고 있어서는 안 됩니다. 이에 감히 글을 보내고 유사(有司)를 파견하니 바라건대 우리 조상의 후손이 되어 힘을 모으고 마음을 합하여 분배한 돈을 며칠 안으로 수송하도록 해주십시오. 그렇다면 매우 다행이겠습니다.

개성(開城) 여러 종친께 공경히 통문을 보냅니다.

분배전 사금동 명목 엽전 300냥. 노천동 명목 엽전 200냥.

무술 11월 24일 글을 보냅니다. 경유사(京有司) 전승지 박시순

추신으로 귀 파에서 보내는 돈은 유사가 두 곳의 선영에서 한편으로는 조상의 덕을 추모하는 정례(情禮)를 펴고 한편으로는 일을 끝마치는 본말을 보기 위함입니다.

재차 지금 보낸 유사의 여비[盤纏]는 귀 종중에서 헤아려서 전별하여 주고 원래 분배전에서는 덜지 마시기 위함입니다.

이은진

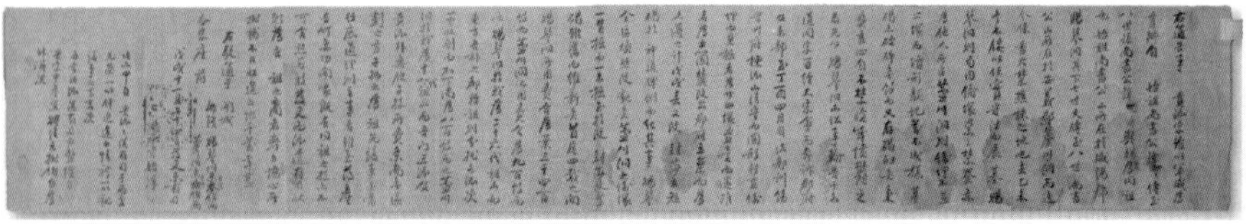

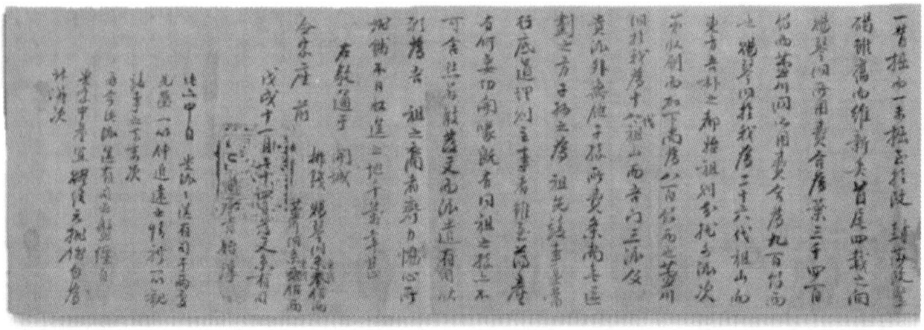

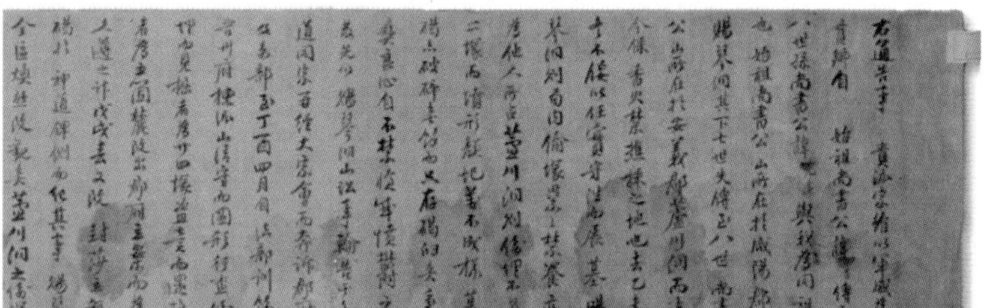

1898년 11월 24일 박시순 문중 통문(위)과 부분 확대(아래)

3.
1758년 초정의 자매명문, 세 가지 이야기

농업생산력이 불안정했던 전통시대에는 흉년이 반복될 때마다 가난한 이들의 삶이 벼랑 끝으로 내몰리곤 했다. 18세기 중엽 조선에 살았던 초정(草井)이란 여성 역시 그러한 시대의 희생자였다. 거듭된 흉년으로 부모를 잃은 초정은 장례조차 치르지 못한 채 구걸로 생계를 이어가야 했다. 그러던 1758년 어느 날, 초정은 이생원댁이라는 양반가에 자신을 노비로 팔게 되었고, 그 사실을 증명하는 문서가 작성되었다. 그것이 바로 〈1758년 초정 자매명문(草井自賣明文)〉이다.

자매명문(自賣明文)은 양인이 자기 자신이나 가족을 타인에게 노비로 팔 때 작성한 문서를 말한다. 이 문서를 작성한 이유는 대부분 흉년, 빚, 세금 납부, 부모의 장례비용 마련 등으로 인한 경제적 어려움 때문이었다. 따라서 자매명문은 생계의 한계에 내몰린 하층민들이 처한 절박한 현실을 생생히 보여주는 기록이다. 1758년 초정의 자매명문 또한 한 여성의 비극적인 생애를 드러낸다는 점에서, 자매명문이 지닌 사회사적 의미를 잘 보여주는 사례라 할 수 있다.

그런데 초정의 자매명문은 두 가지 측면에서 특히 주목할 만하다. 첫째, 1758년이라는 작성 시기가 이례적으로 이르다는 점이다. 현존하는 자매명문 대부분은 18세기 말에서 19세기에 작성된 것이다. 장서각이 수집한 민간 고문서를 토대로 구축된 한국고문서자료관(archive.aks.ac.kr)에는 현재 총 27점의 자매명문이 수록되어 있다. 이 가운데 가장 이른 시기의 예로는 초정의 자매명문과 동일한 해로 추정되는 〈1758년 별고(別庫) 자매명문〉이 있다. 그러나 이 문서의 작성 시기 표기는 훼손되어 '■…■십삼년무인(拾參年戊寅)'만 남아있으며, 이를 '건륭이십삼년무인(乾隆貳拾參年戊寅)', 즉 1758년으로 추정한 것이다. 반면 동일한 간지(무인, 戊寅)를 근거로 60년 뒤인 1818년 '가경이십삼년무인(嘉慶貳拾參年戊寅)'으로 볼 가능성도 존재한다.

그 다음으로 이른 시기에 작성된 자매명문으로는 〈1767년 원노(院奴) 세남(世男) 자매명문〉이 있다. 하지만 이 역시 명확한 작성연도 대신 '정해(丁亥)'라는 간지만 적혀 있을 뿐이어서 이를 1767년으로 추정할 뿐이다. 나머지 자매명문들은 모두 1780년대 이후에서 19세기에 걸쳐 작성된 것이다.

이에 비해 초정의 자매명문은 건륭이십삼년무인이

라는 연호와 간지가 명확히 병기되어 있어, 1758년 작성된 사실이 확실하게 확인되는 가장 이른 시기의 자매명문이라 할 수 있다. 필자가 확인한 범위 내에서는 1758년보다 앞선 시기의 자매명문은 존재하지 않았다.

둘째, 초정의 자매명문은 한 점이 아니라 세 점이 존재한다는 점이다. 이 세 문서는 서로 다른 내용으로, 단순한 사본이 아니다. 게다가 작성 시기도 차이를 보이는데, 한 점은 3월 27일, 나머지 두 점은 10월 16일에 작성되었다.

그렇다면 초정은 왜 자신을 노비로 팔면서 자매명문을 세 번이나 작성했을까? 아니, 보다 정확히 말하자면 이생원댁이 초정을 노비로 매득(買得)하면서 왜 세 차례나 명문을 작성해야 했는가 하는 질문이 타당할 것이다.

이생원댁이 왜 초정의 매득 사실을 세 번에 걸쳐 문서로 남겨야 했는지는 각 문서의 내용 속에 단서가 있다. 편의상, 3월 27일 작성된 자매명문을 A, 10월 16일 작성된 두 점을 각각 B-1, B-2로 구분하여, 이 세 문서의 차이를 통해 그 사정을 살펴보기로 한다.

우선 1758년 3월 27일에 작성된 A 문서를 살펴보자. 문서의 발급자는 문서의 본문 뒤에 '자매주(自賣主) 초정(草正)'이라고 밝히고 있으며, 그 아래에 '나이

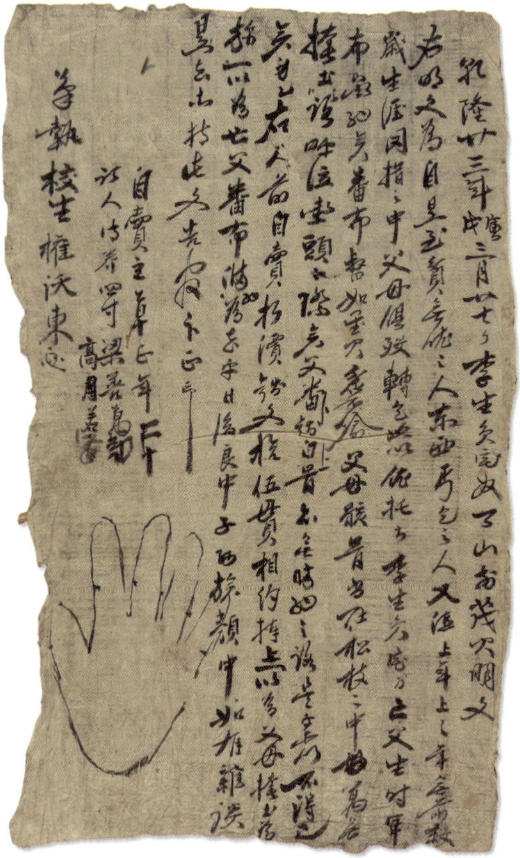

A.1758년 3월 27일
초정 자매명문

20세'라고 기록되어 있다. 글을 배우지 못한 평민·천민 신분의 여성들이 그러했듯, 초정은 자신의 이름 대신 손바닥 그림으로 수결(手決)을 대신했다. 문서의 수취자는 첫 줄에 등장하는 '이생원댁(李生員宅) 노(奴) 정산(丁山)'이다. 그러나 노비의 매득 주체이자 실질적인 수취자는 정산이 아니라 그의 주인인 이생원댁이었다. 정산은 이생원댁의 각종 매매와 송사 등 집안의 실무를 맡아 처리하는 호노(戶奴), 즉 집사 격의 노비였던 것으로 보인다.

이 사실은 이듬해인 1759년 이생원댁의 호구문서에서 확인된다. 그 문서의 노비질(奴婢秩) 첫머리에 '앙역노(仰役奴) 정산(丁山)'이라는 이름이 기록되어 있는데, 이는 정산이 단순한 노비가 아니라 주인의 대리 역할을 겸했던 인물이었음을 보여준다. 또한 같은 문서의 뒤쪽에는 '매득비(買得婢) 초정(初丁)'이라는 이름이 함께 적혀 있어, 초정이 실제로 이생원댁의 소유 노비로 편입되었음을 알 수 있다.

이제 A 문서의 본문을 통해, 초정이 스스로를 노비로 팔게 된 배경을 살펴보자. 문서에 따르면 초정은 극심한 가난 속에서 의지할 곳 없이 떠돌며 구걸로 생계를 이어가던 처지였다. '상년(上年)'과 '상상년(上上年)', 즉 지난해와 지지난해에 잇달아 흉년이 들어 부모가 모두 세상을 떠났고, 그는 전전하며 구걸하다가

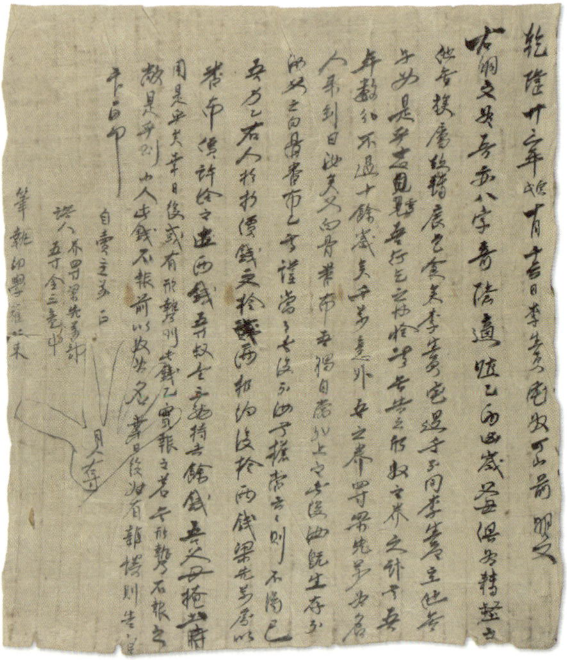

B-1. 1758년 10월 16일
초정 자매명문

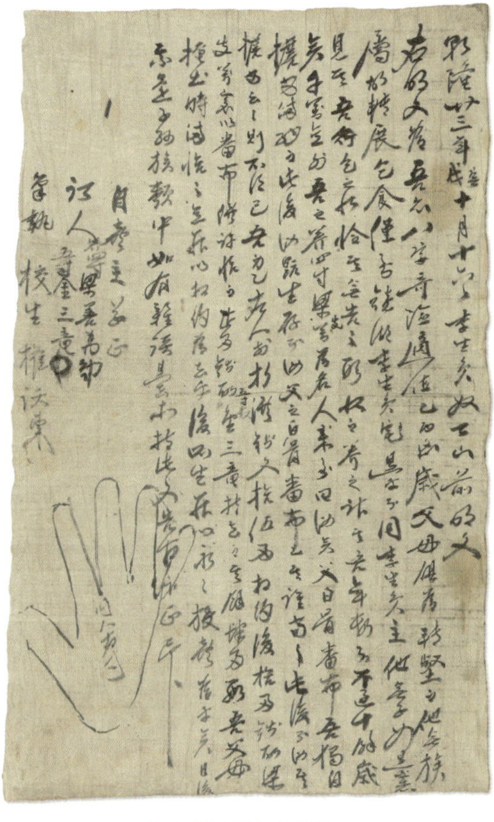

B-2. 1758년 10월 16일
초정 자매명문

결국 이생원댁에 의탁하게 되었다. 그러나 생전에 아버지가 부담하던 군포(軍布)는 물론, 사후에도 백골번포(白骨番布, 사망 후에도 번역에서 빠지지 못해 대신 납부해야 하는 군포)의 납부를 독촉받는 상황이었다. 초정에게는 이를 마련할 방도가 없었고, 부모의 시신조차 장사지내지 못하는 지경이었다. 결국 그는 부모의 장례비용과 군포 납부금을 마련하기 위해 부득이하게 자신을 이생원댁에 15냥의 값으로 방매(放賣)했다. 이로써 초정은 노비 신분으로 전락하게 되었다.

A 문서의 작성에는 몇몇 인물이 증인과 집필자로 참여했다. 우선 초정의 시양사촌(侍養四寸), 즉 삼촌에게 세 살 이후 양자로 입양된 사촌 양선만(梁善萬)이 증인으로 이름을 올렸고, 그밖에 고월약(高月若)이라는 인물도 함께 서명했다. 문서는 교생(校生) 권옥동(權沃東)이 집필자로 참여해 붓을 잡았다.

그로부터 7개월 뒤인 1758년 10월 16일, 초정은 다시 한 번 이생원댁의 노 정산과 자매명문을 작성한다. 이 날짜로 된 문서는 두 점이 남아있는데, 이를 각각 B-1과 B-2에 해당한다. 표면적으로는 3월 27일에 작성한 A 문서와 유사하지만, 자매 경위에 대한 서술이 보다 상세하고, 일부 핵심 내용에서는 중요한 차이를 보인다.

A 문서와 B 문서의 가장 중요한 차이점은 흉년

이 든 해와 초정이 이생원댁에 의탁하게 된 시기이다. 3월에 작성한 A 문서에서는 '상년(上年)'과 '상상년(上上年)'이라 하여, 지난해와 그 전 해인 1756~1757년을 흉년의 시기로 언급했다. 그러나 10월에 작성한 B 문서에서는 '을병흉세(乙丙凶歲)'라는 표현을 사용했다. 이는 '을'과 '병'이 들어간 해의 흉년을 뜻하는데, 당시 기준으로 무인년(1758년)의 2~3년 전인 병자년(1756년)과 을해년(1755년)이 아니라, 12~13년 전인 1746년 병인년과 1745년 을축년의 흉년을 가리킨다.

이어지는 내용을 보면, 그 이유를 짐작할 수 있다. B 문서에 다음과 같은 내용이 등장한다.

> 을병의 흉년에 부모를 모두 잃고 다른 친족이 없어 구걸하며 다니다가, 이생원댁을 지나가게 되었는데 이생원이 자녀가 없어 내가 구걸하는 모습을 보고는 노비로 취하여 양육할 생각을 하였다. 그때 내 나이가 불과 십여 세였다.

즉, B 문서는 흉년의 시기를 12~13년 전으로 소급하여, 초정이 부모를 잃고 이생원댁에 의탁하게 된 나이를 20세가 아닌 10여 세 무렵으로 바꾸고 있다. 동시에 이생원이 초정을 거두게 된 사연도 보다 구체화하여, 단순한 매매 관계가 아니라 "자녀가 없어 어린 아이를 노비로 거두어 길렀다"라고 서술했다.

이상 B 문서 두 점의 전반부는 초정이 이생원댁에 의탁하게 된 경위와, 이생원댁이 초정을 노비로 거두게 된 배경을 서술한 부분이다. 이어지는 후반부에서는 그로부터 10여 년이 지난 1758년 당시, 초정이 돈을 받고 자신을 팔게 된 이유가 보다 자세히 설명되어 있다.

내용에 따르면, 예상치 못하게 양사촌 양선만이 찾아와 "아버지의 백골번포를 내가 대신 납부했으니, 앞으로는 네가 이를 책임지고 갚아야 한다"고 요구했다. 초정은 이에 어쩔 수 없이 자신을 이생원댁에 방매했고, 그 대금 15냥 가운데 10냥은 양선만에게 번포 대금으로, 1냥은 5촌 숙부 김삼룡(金三龍)에게 지급했으며, 나머지는 모두 부모의 장례비용으로 사용하기로 했다. 김삼룡은 A 문서에는 등장하지 않는 인물로, B 문서의 증인으로 참여하면서 A 문서의 증인이었던 고월약(高月若)을 대신하고 있다.

10월 16일에 작성한 두 B 문서의 이 부분까지는 몇 글자의 차이를 제외하면 거의 동일하다. 차이는 이후 본문의 마지막 부분에서 드러난다.

B-1 문서의 끝에는 "후일 혹시 여력이 있으면 이 돈을 갚겠지만, 그렇지 못하면 그때까지 자신은 노비이며, 만일 나중에 다른 말을 하거든 이 문서로써 관에

고하여 바로잡을 것"이라는 문장이 있다. 반면 B-2 문서에는 이 대목이 빠지고, "자신의 후소생을 함께 영영 방매하오니, 후일 일가 자손 친족이 다른 말을 하거든 이 문서로써 관에 고하여 바로잡을 것"이라는 노비 매매명문에서 흔히 보이는 상투적 문장이 실려 있다. 즉 B-1 문서가 초정의 처지를 채무노비로 묘사했다면, B-2 문서는 초정과 그 자녀를 모두 노비로 귀속시키는 영구적 노비 신분 매매문서의 성격을 띤다.

이상 세 자매명문의 종합해 보면 다음과 같다.

A 문서는 스무 살의 양인 여성 초정이 근래의 연속된 흉년으로 부모를 잃고, 생계 곤궁으로 인해 자신을 이생원댁에 노비로 판 문서이다. 반면 B 문서는 12~13년 전의 흉년으로 고아가 된 초정이 10여 세 무렵 이생원댁의 노비로 거두어졌다가, 10년이 지난 1758년에 다시 자신을 노비로 방매한 내용이다. B-1 문서는 채무 상환을 전제로 한 일시적 노비, B-2 문서는 영구적 신분 전환으로서의 노비화 과정을 보여준다.

초정의 자매명문이 이처럼 서로 다른 세 가지 버전으로 존재하게 된 이유는, 이 문서들이 작성된 1758년 당시의 신분제 상황에서 찾을 수 있다.

조선 사회는 법제적으로 신분을 양인(良人)과 천민(賤民)으로 구분하는 양천제(兩賤制)를 유지했다. 양인은 과거 응시와 관직 진출이 가능했으며, 세금과 국역(國役)의 의무를 지는 대신 사회적 공권의 기반을 형성했다. 따라서 국가 입장에서는 양인의 천민화를 엄격히 금지했다.

이러한 원칙에 따라, 18세기 중엽까지는 양인을 노비로 매매하는 행위가 일관되게 금지되었고, 그 안에는 양인이 스스로 자신이나 가족을 노비로 파는 자매(自賣)도 포함되었다. 양인이 노비로 전락하는 경우는 강제로 양인을 천민으로 삼는 압량위천(壓良爲賤)과 스스로 신분을 노비로 속여 파는 불법 행위를 통해서만 가능했다. 한편 양반가들은 노비를 늘리기 위해 주로 타인의 노비를 매득하거나, 자신의 노비를 양인과 혼인시켜 그 자녀를 노비로 삼는 방식을 사용했다. 자매 행위에 대한 처벌 규정은 이미 1690년에 마련되어 있었다. 이 해에 '자신을 판 자와 그를 매득한 자 모두에게 장(杖) 100대, 도(徒) 3년'을 부과한다는 전교가 내려졌고, 이 내용은 1744년 『속대전(續大典)』 형전(刑典) 금제조(禁制條)에 그대로 수록되었다.

그렇다고 양인을 노비로 삼는 일이 전혀 불가능했던 것은 아니다. 흉년에 버려진 아이를 거두어 기르는 경우, 즉 유기아 수양(遺棄兒收養)을 통한 구활노비(救活奴婢) 제도는 법적으로 허용되었다. 『속대전』 예전(禮典) 혜휼조(惠恤條)에 따르면, 흉년에 버려진 어린아이를 타인이 거두어 구제하고, 자식이나 노비로 삼는 것을 허락했다. 단, 그 대상 연령과 수양 기간은 임시 사목(事目)에 따라 달리 정했으며, 일반적으로 3세 이전을 원칙으로 하되, 흉년이 심할 경우 8~9세 혹은 15세까지 허용했다.

이 조항을 통해 보면, 18세기 중엽 조선은 여전히 양인의 자매를 엄격히 금지하면서도, 유기아에 대해서만 예외적으로 노비화를 인정하고 있었음을 알 수 있다.

초정의 세 자매명문이 서로 다르게 작성된 이유가 명확해진다. 1758년 3월 작성된 A 문서에 따르면, 초정은 20세 성년의 양인 여성이었다. 부모의 죽음과 흉년 속에서 자신을 노비로 판 행위는 법적으로 금지된 불법 행위였다. 더구나 이생원댁은 초정을 단순히 거두어 기른 것이 아니라 15냥을 지불하여 매득했으므로, 양인과의 매매에 해당해 양측 모두 처벌 대상이었다.

이에 비해 7개월 후 작성된 B 문서들은 흉년을 12~13년 전으로 소급하고 초정의 나이를 10세 전후로 낮추어, 유기아 수양을 통한 구활노비 제도의 조건에 맞추려는 의도를 드러낸다. 이로써 초정은 단순한 '자매의 주체'가 아니라 오랜 기간 양육된 어린 노비로 설정된다.

그럼에도 거래대금의 기록은 여전히 남아있다. 만약 초정이 진정한 유기아였다면, 대금 지급은 불필요했을 것이다. 오히려 친족이 되찾으려 하면, 양육자가 그동안 쓴 곡물을 배상받도록 되어 있었다. 따라서 문서에 반복해서 등장하는 대금 항목은, 그 돈이 단순한 거래대금이 아니라 초정이 이생원댁에 진 빚, 즉 채무 관계의 근거였음을 보여준다. B-1 문서의 내용은 바로 이러한 사실을 뒷받침한다.

그러나 채무를 이유로 양인을 노비로 삼는 행위는 여전히 불법이었다. 『속대전』 호전(戶典) 징채조(徵債條)는 사채를 빌려주고 그 자녀를 노비로 삼는 자를 장 100대에 정배(定配)하도록 하고, 그 자녀는 즉시 본래의 신분으로 돌려보내야 한다고 규정하고 있다. 이러한 상황에서 등장한 것이 바로 B-2 문서이다. 여기서 초정은 더 이상 양인이 아니라 이미 노비로 간주되며, 자신뿐 아니라 앞으로 태어날 자녀까지도 함께 영영 방매(放賣)된 존재로 설정된다.

이후 18세기 후반이 되면서 조선 사회는 점차 변화했다. 양인이 자신이나 가족을 노비로 파는 자매 행위가 광범위하게 확산되었고, 국가는 더 이상 이를 예전처럼 엄격히 금지할 수 없게 되었다. 이 시기에는 자매 사실을 공식 문서로 남긴 자매명문이 다수 확인되며, 심지어 〈1795년 유근현(柳謹鉉) 입안(立案)〉과 같이 관청이 이를 증명해주는 사급입안(斜給立案)도 등장한다. 그러나 조선 정부는 여전히 이들을 기존의 노비와는 구분하여 '자매지류(自賣之類)'로 칭하며, 그 전매와 세습을 금지하고 속량(贖良)을 허용함으로써 종신고공(終身雇工)에 가까운 존재로 간주하려 했다.

'자매지류'에 대한 조선왕조의 입장에 따르면, 초정은 일정 조건하에서 속량(양인 신분으로의 회복)이 가능했으며, 설명 속량하지 못하더라도 그 노비 신분은 본인 한 세대에 한정되어야 했다. 그러나 1771년 이생원댁의 호구문서를 보면, 초정과 그 자녀는 끝내 양인으로 돌아가지 못했다. 초정은 자매명문을 작성한 지 12년이 지난 1770년에 서른셋의 젊은 나이로 세상을 떠났지만, 죽을 때까지 이생원댁의 노비 신분을 벗어나지 못한 채 생을 마감했다. 당시 여섯 살이었던 첫째 딸 을분(乙分) 또한 어머니의 신분을 이어 이생원댁의 노비로 올라있었다.

허원영

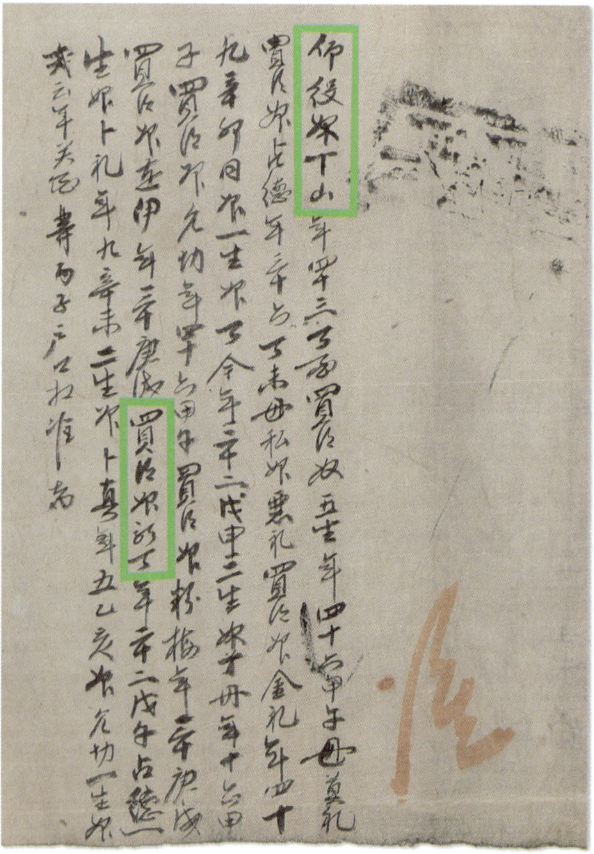

C. 1759년 이생원댁 호구문서 노비질

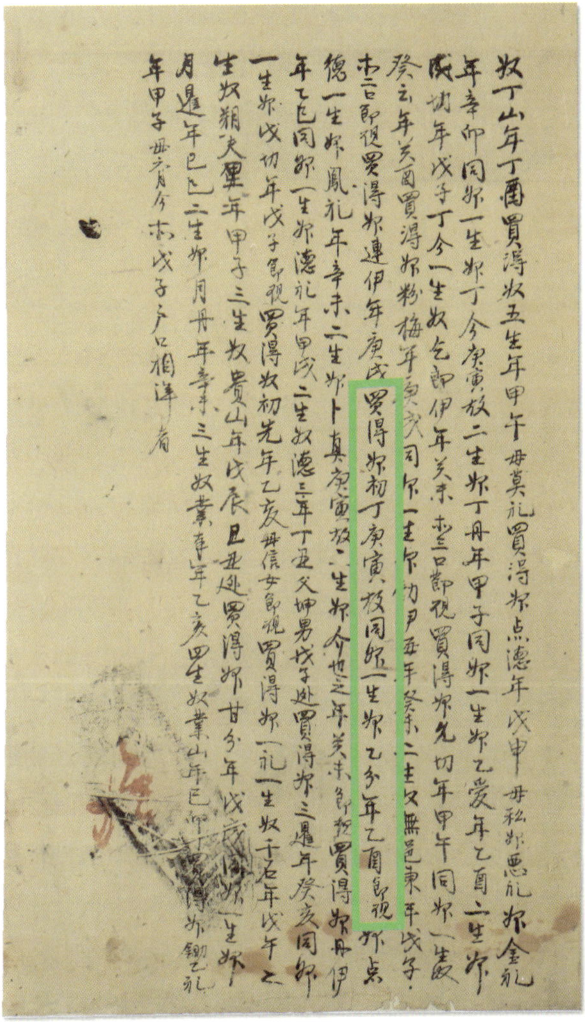

D. 1771년 이생원댁 호구문서 노비질

4.

무안박씨세보, 수양자와 친생자 사이에서

2024년 상반기 극장가의 최대 흥행작은 단연 〈파묘(破墓)〉였다. 영화는 무당 화림이 삼대에 걸쳐 기이한 병을 앓는 한 부유한 집안의 의뢰를 받으면서 시작된다. 이 집안은 악지(惡地) 중의 악지에 조상의 묘를 써서 탈이 났고, 그 결과 장손을 중심으로 이른바 '핏줄 돌림'의 재앙을 겪고 있었다. 영화 속 내레이션의 표현대로, 핏줄은 '죽어서도 벗어날 수 없는, 같은 유전자를 지닌 육체와 정신의 공혈(共血) 집단'이었다.

우리 사회에서 부계 성(姓)을 이어가는 것은 가계를 계승하는 핵심이자, 동질성을 상징하는 표식이었다. 그러나 영화가 보여주듯 그것은 동시에 벗어나기 어려운 굴레이기도 했다. 실제로 고대에서 현대에 이르기까지 단절 없이 이어지는 혈통은 거의 불가능에 가깝다. 그래서 예로부터 핏줄을 잇기 위한 인위적 장치가 필요했는데, 조선시대에는 입후(立後) 제도를 통해 대를 이었다. 『경국대전(經國大典)』「예전(禮典)」의 규정에 따르면, 친자(親子)란 본처나 첩이 낳은 아들을 의미한다. 하지만 1413년(태종 13)에 처첩을 구분하는 법이 제정되면서 적서(嫡庶)의 차별이 확립되었고, 점차 가문의 품격과 명분이 혈통보다 중시되었다. 그 결과 첩이 낳은 아들이 있더라도, 같은 친족 가운데 지자(枝子)를 후사로 세워 가계를 이었다. 부자간 혈통의 연속성보다 명분을 우선한 것이다.

이처럼 입후가 조선 사회의 일반적 관행으로 자리잡자, 시대의 흐름에 따라 입후를 세우는 것은 자연스러운 현상이 되었다. 그러나 어떤 집안은 세웠던 입후자를 다시 바꾸는 일도 있었다. 영해 무안박씨 무의공 종택의 박세현(朴世賢)과 박응장(朴應長) 부자가 그 대표적 사례이다. 이들은 처음에는 동성 조카를 입후했다가, 국가 정책에 변화가 생기자 천첩자(賤妾子), 곧 얼자(孽子)를 위해 이전의 입후를 파기했다. 시대 변화에 맞춰 혈통과 명분의 균형점을 다시 선택한 것이다.

박세현은 용양위 우부장(龍驤衛右副將)을 지낸 박영기(朴榮基)의 아들이었다. 박영기에게는 네 아들이 있었다. 장남 세충(世忠), 차남 세현(世賢), 삼남 세렴(世廉), 사남 세순(世淳)이다. 1754년(영조 30)에 간행된 『무안박씨세보(務安朴氏世譜)』에 따르면, 장남 세충은 자손 없이 일찍 세상을 떠난 것으로 보인다. 이로 인해 둘째 아들 세현이 집안에서 사실상 장남의 위치를 차지했다.

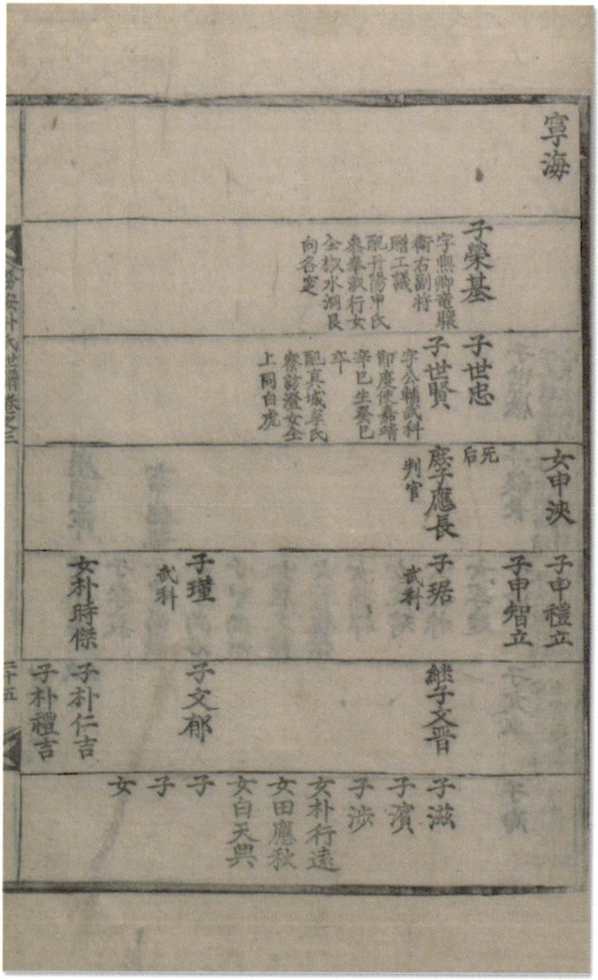

務安朴氏世譜卷之三 三十五

亨海

子榮基 字興卿 竜驤衛右副將 贈工議 配丹陽申氏 參奉叙行女 全拯水洞艮向各窆

子世忠

子世賢 字公輔 武科 節度使 嘉靖辛巳生 癸巳卒 配眞城李氏 參奉彭澄女 全上同白虎

女申泱

死后

壻李應長 判官

子申禮立

子申智立

子琚 武科

子瑾 武科

女朴時傑

繼子文晋

子文郁

子朴仁吉

子朴禮吉

子滋

子濱

子涉

女朴行遠

女田應秋

女白天興

子

子

女

『무안박씨세보』 권3(국립중앙도서관 소장)

박세현은 1543년(중종 38)에 무과에 급제하여 경상좌도 수군절도사를 역임했고, 이황(李滉)의 형 이징(李澄)의 딸과 혼인했다. 그러나 본처와의 사이에서는 아들이 없었다. 이에 그는 동생 세렴의 아들 박의장(朴毅長)을 세 살 무렵에 데려와 양자로 삼았다. 이는 훗날 자신이 아버지 박영기의 제사를 이어야 한다는 집안의 합의 아래, '박영기-박세현-박의장'으로 이어지는 가계 질서를 세우기 위한 조치였다.

그 사실은 1577년(선조 10)에 작성된 별급문기(別給文記)에서 확인된다. 이 문서에서 박세현은 스스로를 '양부(養父)'라 칭하고, 박의장은 '수양자(收養子)'로 기록되었다. 같은 해 무과에 급제한 박의장을 장하게 여긴 박세현은 노비와 논밭을 따로 떼어주었다. 그러나 불과 7년 뒤인 1584년(선조 17), 두 사람의 친족 관계는 다시 정립된다.

1584년 별급문기에는 흥미로운 변화가 보인다. 박세현은 이 문서에서 박의장이 혼인했을 때와 무과에 급제했을 때 각각 노비와 토지를 주었다는 사실을 하나하나 열거하며, 이전의 별급이 실제로 있었음을 증명했다. 1584년 별급문기는 단순한 축하의 성격이 아니었다. 효행이나 출산, 과거 급제를 기념해 재산을 분급하는 일반적인 별급문서와 달리, 이 문서는 과거의 증여 사실을 재확인하는 데 초점을 두었다. 그 이유는 이 문서가 작성되기 직전, 곧 1584년 3월 이전에 박세현과 박의장 사이의 양부-수양 관계가 이미 파기되었기 때문이다.

1577년 별급문기와 1584년 별급문기를 비교하면 두 가지 차이가 뚜렷하다. 첫째, 호칭의 변화이다. 1577년 문서에서 박의장은 '수양자'로 불렸으나, 1584년 문서에서는 '삼촌 조카'로 바뀌었다. 둘째, 양육 시기의 수정이다. 1577년 문서에는 '세 살 이전에 데려와 길렀다'고 했으나, 1584년 문서에서는 이를 '일곱 살'로 정정했다. 이 변화는 단순한 오류 수정이 아니라, 법적 의미의 조정을 뜻한다. 당시 법제에 따르며 세 살 이전에 데려가 기르면 '수양(收養)'이라 하여 친자식과 동일하게 취급되었고, 세 살 이후에 기르면 '시양(侍養)'이라 하여 구분되었다. 두 경우 모두 양자이지만, 재산 상속과 봉사(奉祀)에서는 뚜렷한 차이가 있었다. 따라서 박세현은 1584년 무렵 양자 관계를 파기하며, 박의장을 '수양자'에서 '시양자'로 단계적으로 낮추어 관계를 재정립한 것으로 보인다.

그 배경에는 사회적 변화가 있었다. 당시 서얼이라도 곡식을 바치면 허통(許通)을 통해 벼슬길에 나아갈 수 있었다. 이 제도는 1583년(선조 16)에 발생한 여진족 추장 니탕개(尼湯介)의 난에서 비롯되었다. 그해 2월에 니탕개가 경원부(慶源府)와 아산보(阿山堡)를 포위하자 조선 정부는 군량 확보가 시급해졌다. 병조판서 이이(李珥)는 이에 대응해 "육진(六鎭)에 나가 3년 동안 자원 복무하는 자에게는 서얼이라도 과거 응시 자격을 주고, 공사(公私)의 천인은 양민으로 면천시키자"고 건의했다. 이 건의가 받아들여져 서얼 허통이 공식화되었고, 같은 해 12월에는 이언적(李彦迪)의 서손 이준(李浚)이 곡식을 바쳐 허통첩(許通牒)을 발급받았다.

이준의 사례로 미루어볼 때, 박세현의 서얼 아들 박응장도 1583년 하반기에 곡식을 바쳐 허통첩을 발급받았을 가능성이 크다. 그렇게 된다면, 박세현이 1584년에 양자 관계를 끊은 것은 이미 친자 박응장의 신분적 제약이 해소된 시점이었음을 뜻한다.

박세현은 20여 년 동안 길러온 양자와의 인연을 정리하고, 친자인 서얼 박응장이 벼슬길에 오를 수 있도록 기반을 닦았다. 그의 염원은 사후에 이루어졌다. 1593년(선조 26) 73세로 세상을 떠나고 8년 뒤인 1601년(선조 34)에 박응장이 35세의 나이로 식년시 무과에 급제했다. 18세 즈음에 허통되고 무과에 급제하기까지 17년이 걸린 셈이다.

박응장은 아버지의 바람대로 조부 박영기, 부친 박세현에 이어 삼대가 연속으로 무과에 급제한 가문의 전통을 이어갔다. 혈통의 명분을 지키는 대신, 현실적 기회를 통해 친자를 일으킨 박세현의 결단 덕분이었다. 그 결과 서얼로 태어난 박응장은 조부와 부친처럼 무인 가문의 관력을 공유하며, 가문의 명맥을 새로운 방식으로 이었다.

> 만력 12년(1584) 갑신 3월 24일 삼촌 조카인 훈련봉사 박의장(朴毅長)에게 별급
>
> 별급하는 일은 정실에게서 자녀가 없어 내가 너를 나이 7세에 데려왔다. 처음에는 법전에 따라 계후(繼後)하여 데려다 기를 계획이어서 두 번이나 상언을 올렸다. 그러나 다른 사람의 큰아들이라고 예조에서 불가하다고 아뢰어 계후를 하지 못했다. 그런데 이번에 내 첩의 아들이 장성했을 뿐 아니라, 지금 나라의 법에 곡식을 바치면 벼슬길을 허통해준다 하니 적자녀(嫡子女)로 만듦이 옳고, 자녀가 있는 집에서 시양(侍養)을 한다면 아울러 출신(出身)하여 조관(朝官)을 지내는 사람에게 논란이 있을 뿐만 아니라 사체에도 구차하여 형세가 매우 어려울 것 같다. 그래서 은혜를 끊어 도로 깨트리는 일이 사의(事意)에도 곧 마땅하고, 영일(迎日) 현감을 지낸 아우도 극진히 속내를 말하였다. 나도 출신하여 조관이 된 사람을 억지로 잡고 있으면서 기르기에는 사세가 과연 어렵기 때문에 그 말을 듣고 시양 깨기를 허락하

였다.

그러나 20여 년을 데리고 살면서 길렀으니 정은 부자(父子)와 같고 은애(恩愛)가 아주 크기 때문에 네가 장가 들 때 신노비(新奴婢)로 허급한 사내종 사중(四中)의 2소생인 계집종 이비(李非)와 사내종 학송(鶴松)의 1소생인 사내종 춘이(春伊), 너가 등과(登科)하여 별급했을 때 허급한 계집종 입덕({仍/邑}德)의 1소생인 사내종 만억(萬億)과 2소생 사내종인 선복(先福) 및 상입곡원(相入谷員) 조자답(調字畓) 14부 8속과 오리(五里) 장성원(長省員) 밭 우자(雨字) 10부 9속 또 4부 곳을 합쳐 7되지기 및 (추가로) 계집종 춘옥(春玉)의 2소생 계집종인 개복(介福) 등을 후소생 아울러 영영 허급한다. 그러니 내 자식 등이 다투길 바라며 까탈이 있다면 이 글을 가지고 관에 고하여 바로잡을 일이다.

자필 절충장군 경상좌도 수군절도사 박(착명)(착압)
증인 동복 아우 전 내섬시 봉사 박(착명)(착압)
증인 오촌 조카 전 월송포 만호 박(착명)(착압)

권이선

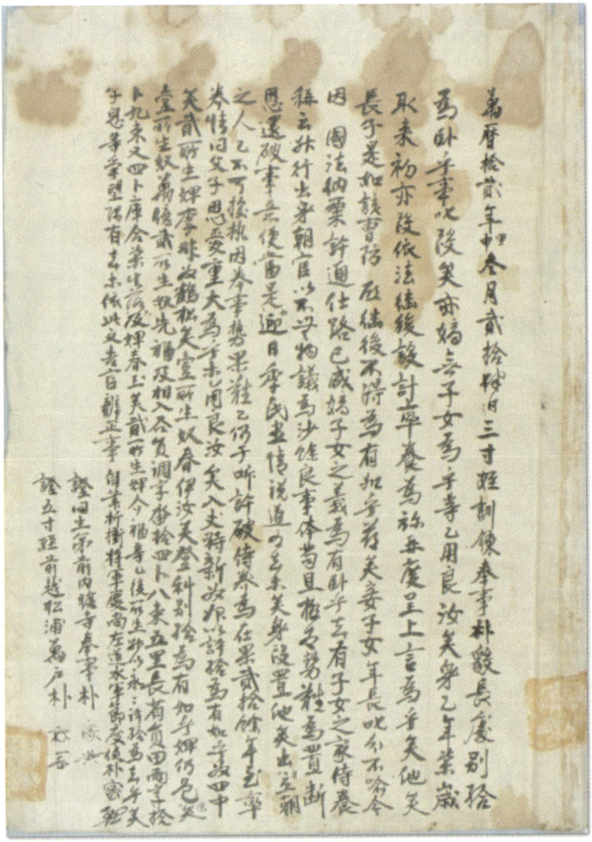

1584년 박세현 별급문기

5.
명물소학,
어린이를 위한 글자책

아이들이 세상에 태어나 처음으로 하는 말은 아마 '엄마'일 것이다. 아이의 말 한마디에 부모는 감격해 어쩔 줄 몰라 하고, 아이 또한 본능적으로 부모의 기쁨을 느끼며 함께 웃는다. 그렇게 세상과의 첫 소통이 시작된다. 이 시기의 언어 발달은 놀라울 만큼 빠르다. 말을 할 수 있게 해주는 기관인 뇌가 이때 가장 빠르게 성장하기 때문이다. 서툰 말이 점차 틀을 잡으면, 비로소 글을 배우는 단계로 나아간다.

전해오는 기록에 따르면 조선시대의 아이들은 말을 배운 뒤 네 살이나 여섯 살 무렵, 지금으로 치면 유치원이나 초등학교 저학년쯤에 글 공부를 시작했다. 그런데 그들이 익힌 것은 말과 글이 일치하는 한글이 아니라, 문어 중심의 한자(漢字)였다. 남아 있는 기록의 주인공들은 대부분 조기 교육의 성공 사례라 할 만한 '원더 차일드(wonder child)'였기에, 아주 어린 나이에도 한자와 한문을 배웠다. 그때 사용한 교재가 바로

『천자문(千字文)』이다.

『천자문』은 말 그대로 천 개의 글자로 이루어진 교재로, 네 글자씩 묶어 모두 250행으로 구성되어 있다. 단순히 글자를 나열한 것이 아니라, 네 글자마다 의미 있는 사구(詞句)로 짜여 있어 내용이 함축적이고 운율감이 있다. 중국에서 지어진 책이지만, 한자를 사용하는 문화권의 사상과 미학을 잘 담고 있어 우리에게도 익숙한 구절이 많다. 첫 문장인 '천지현황(天地玄黃)'이 대표적이다. 아이들은 '하늘 천, 따 지, 검을 현, 누를 황'이라고 스승의 발음을 따라 외우며 암송했고, 나중에는 글자의 모양을 익히며 직접 써 보았다. 이렇게 낱글자를 외우고 쓰는 과정에서 자연스럽게 문자의 세계로 들어갔다.

우리 역사에서 '원더 차일드'로 가장 자주 언급되는 인물은 세종과 성종 시대를 살았던 김시습(金時習, 1435~1493)이다. 그는 여덟 달 만에 스스로 글을 알아보았다고 전해지며, 그 재주가 놀라워 외할아버지가 일찍이 『천자문』을 가르쳤다고 한다. 비록 서툴게 따라 했지만 글자의 뜻을 모두 이해했고, 세 살이 되자 스스로 글을 지을 수 있었다고 한다. 그 명성이 임금에게까지 전해져, 왕이 직접 불러 시험하고 상을 내릴 정도였다.

대학자 이황(李滉)과 이이(李珥) 역시 어린 시절 『천자

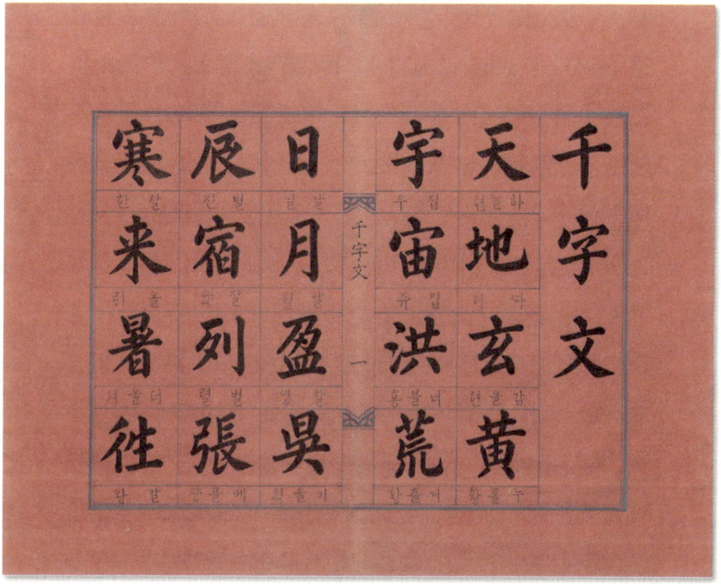
千字文
天地玄黃
宇宙洪荒
千字文 一
日月盈昃
辰宿列張
寒来暑往

주흥사(周興嗣) 찬, 『천자문』

문』으로 글을 배웠다. 이처럼 조선시대의 『천자문』은 지식의 첫 관문이자 학문의 기초였다. 이름난 학자들뿐 아니라, 글을 배울 수 있는 집안의 아이들은 모두 이 책으로 공부를 시작했다. 그렇게 배운 글자는 훗날 벼슬의 길을 열어 주었고, 시를 짓고 기록을 남기며 세상을 이해하는 문(文)의 바탕이 되었다. 『천자문』은 단순한 글자책이 아니라, 세상과 소통하는 언어의 문을 열어 주며 세상의 일을 기록하고 세상을 개혁하고 나아가야 할 길을 가르치는 기초가 되었다.

조선시대에 태어난 아이들이 글을 배우는 순서는 일정했다. 먼저 『천자문』으로 글자를 익히고, 그다음에는 인간의 도리를 담은 수신서(修身書)를 통해 몸가짐과 마음가짐을 배웠다. 이 수신서에는 『동몽수지(童蒙須知)』, 『유학자설(幼學字說)』, 『정속편(正俗篇)』, 『동몽선습(童蒙先習)』, 『명심보감(明心寶鑑)』 등이 포함된다. 한 단계 더 나아가면 『격몽요결(擊蒙要訣)』과 『소학(小學)』으로 이어졌다. 그러나 『천자문』을 제외하면, 이들 책은 글자 자체의 뜻을 가르친다기보다 선현들의 가르침과 경구를 익히는 데 초점이 있었다. 세상 경험이 부족한 아이들에게는 내용의 의미를 깊이 이해하기보다 암송에 치우칠 수밖에 없는 학습이었다.

그럼에도 조선 사회는 권위를 중시하던 시대였기에, 오랜 학습 체계를 쉽게 바꾸기는 어려웠다. 하지만 시대마다 이를 바로잡으려는 시도는 있었다. 가르침의 형식보다는 이해와 깨달음의 학습을 중시한 이들이 새로운 교재와 학습법을 제시했다. 그리고 그러한 흐름을 근본에서부터 바꾸려 한 인물이 있었다. 바로 조선 후기의 실학자 정약용(丁若鏞, 1762~1836)이다.

> 역대의 신동들이 어린 나이에 경전을 읽은 것은 그들이 유능해서가 아니라 당시에 아동을 가르치는 방법에 선후가 있었기 때문임을 알 수 있다.
>
> – 정약용의 『여유당전서(與猶堂全書)』,
> 「사략평(史略評)」 중

정약용의 학습 이력을 보면, 네 살 때 이미 『천자문』을 익혔다고 한다. 그런 그도 어린이 학습의 효율성과 체계성을 고려할 때, 『천자문』은 적합하지 않다고 판단했다. 가장 큰 이유는 글자의 선택과 배열, 그리고 문장 구성 방식이 학습의 논리에 맞지 않는다고 보았기 때문이다. 이는 당시로서는 매우 파격적인 견해였다. 비록 법으로 정해진 교재는 아니었지만, 조선 사회에서 『천자문』의 권위는 절대적이었다. 정약용은 그 권위를 정면으로 비판하며, 올바른 어린이 학습서를 새로 만들었다. 그것이 바로 『명물소학(名物小學)』이다.

『명물소학』은 정약용이 지은 어린이용 한자 학습

교재로, 그가 직접 붙인 제목은 『아학편(兒學編)』이었다. 정약용은 이 책이 『천자문』을 대신하기를 바랐다. 『아학편』은 그가 전남 강진에 유배되어 있던 1804년에서 1813년 사이에 지은 것으로 알려져 있다. 이후 그 가치를 알아본 사람들이 필사하거나 판각하여 널리 퍼뜨렸고, 전해지는 이본만도 약 19종에 이른다. 그 가운데 일부는 제목을 바꾸어 『명물소학』이라 부르게 되었다.

책의 제목은 '명물'과 '소학'으로 나눠 볼 수 있다. '명물(名物)'은 '사물의 이름', 즉 세상 만물의 명칭을 뜻하고, '소학(小學)'은 '작은 배움'이라는 뜻이다. 따라서 『명물소학』은 '세상의 만물을 익히는 작은 배움의 글자책'이라는 의미를 지닌다.

그러나 『명물소학』의 저술 시기와 편집자는 명확히 밝혀져 있지 않다. 학자들은 한자의 음과 뜻을 한글로 푼 방식이 19세기 말~20세기 초의 표기 양상을 보여준다고 보아, 이 시기에 간행된 것으로 추정한다. 책의 앞부분에는 "열수선생원본(洌水先生原本) 예당외사정정(豫堂外史訂定)"이라는 문구가 있다. '열수'는 정약용의 호(洌水)를 뜻하므로, 원 저자가 정약용임을 밝힌 것이다. '예당(豫堂)'은 이본을 교정·편집한 인물의 호로 보이나, 구체적인 신원은 알 수 없다. '외사(外史)'는 지방의 사관을 의미하므로, 『명물소학』의 편집자는 정약용의 뜻에 공감한 지역 학자였던 것으로 짐작된다. 즉, 정약용의 『아학편』이 훗날 뜻있는 후학에 의해 손질되고, 교정되어 세상에 나온 것이 『명물소학』이라 할 수 있다.

『명물소학』은 우리 땅에서 태어난 아이들을 위해, 우리 학자가 직접 지은 한자 교재라는 점에서 의미가 크다. 비록 간행 경위에 대한 구체적 기록은 전하지 않지만, 정약용의 저술 의도는 명확했다. 『천자문』보다 더 나은 문자 학습서를 만들겠다는 것이었다. 『아학편』의 서문인 「아학편훈의서(兒學編訓義序)」에서 그는 『천자문』의 한계를 통렬히 지적한다.

> 천지(天地)의 글자를 배우고 나면 일월(日月), 성신(星辰), 산천(山川), 구릉(丘陵) 등 그 같은 부류에 속하는 종류를 다 알기도 전에 그것은 그만두고 오색(五色)을 배우라고 하며, 현황(玄黃)의 글자를 배우고 나면 청적(青赤), 흑백(黑白), 홍자(紅紫), 치록(緇綠)의 그 다른 점을 분별하기도 전에 그것은 그만두고 우주(宇宙)를 배우라고 하니, 이것이 무슨 가르치는 방법인가? … 대체로 문자를 가르침에 있어서는 청(淸) 자로 탁(濁) 자를 깨우치고, 근(近) 자로 원(遠) 자를 깨우치며, 경(輕) 자로 중(重) 자를 깨우치고, 천(淺) 자로 심(深) 자를 깨우치는데, 두자씩 들어서 대조해 밝

히면 두 가지의 뜻을 함께 알게 되지만 한 자씩을 들어 말하면 두 가지의 뜻을 함께 모르게 되니, 뛰어난 머리가 아니고서 어떻게 깨달을 수 있겠는가?

– 정약용의 『여유당전서』, 「천문평(千文評)」 중

위에 제시한 글은 『천자문』의 첫 문장인 '천지현황'에 대한 비판이다. 정약용은 『천자문』이 체계적인 문자 학습의 기준을 갖추지 못하고, 글자의 배열 또한 비합리적이라고 보았다. 예를 들어 '하늘과 땅(天地)'이라는 대자연의 개념은 '해와 달(日月)'이나 '산과 내(山川)'와 함께 배치되어야 아이들이 관련된 글자들을 함께 익히며 의미의 범주를 넓혀 갈 수 있다. 문자의 습득은 무엇보다 유사성에 기반한 연상, 혹은 근접성에 따른 연관의 원리를 바탕으로 이루어져야 한다는 것이 그의 생각이었다. 이러한 관점이 바로 『아학편』의 기본 저술 원칙이었다.

『아학편』은 『천자문』을 대체하기 위한 분명한 목적을 가지고 만들어졌다. 대체란 기존의 것을 모두 버리는 일이 아니라, 좋은 점은 계승하고 부족한 점은 보완하여 더 나은 체계를 세우는 일이다. 정약용은 『천자문』의 장점을 살리되 비합리적인 구성은 고치고, 여기에 새로운 학습 원리를 더해 완성도를 높였다.

『천자문』에는 천 개의 글자가 실려 있다. 이에 비해

『아학편』은 문자를 두 범주로 나누어 각각 천 자씩, 모두 이천 자를 수록했다. 하나는 눈으로 볼 수 있는 '구체적인 형상을 가진 글자'이고, 다른 하나는 개념이나 성질을 나타내는 '추상적인 글자'이다. 『천자문』의 두 배에 달하는 분량이지만, 단순히 수를 늘린 것이 아니라 사물의 이름과 개념의 세계를 균형 있게 아우르고자 한 것이다.

> 구체적 형상을 가진 글자들
> 하늘 천(天), 땅 지(地), 아비 부(父), 어미 모(母), 임금 군(君), 신하 신(臣), 지아비 부(夫), 지어미 부(婦), 형 형(兄), 아우 제(弟), 사내 남(男), 계집 녀(女), 맛누이 자(姉), 아랫누이 매(妹), 제수 제(娣), 형수 수(嫂)
>
> – 『명물소학』, 「유형천자(有形千字)」 중

구체적인 형상을 가진 글자는 감각과 지각으로 경험할 수 있는, 일상 가까이의 사물이나 존재와 대응한다. 『천자문』에서 첫머리에 등장했던 '천지(天地)'는 『아학편』에서도 맨 앞에 나오지만, '천지현황(天地玄黃)'이 아니라 '천지부모(天地父母)'로 묶여 하나의 구를 이룬다. 하늘과 땅이 만물을 낳고 기르듯, 부모 또한 나를 낳고 길러 주는 존재라는 뜻이다. 정약용은 어린이들이 세상에서 처음 배우는 글자가 바로 이 '천지부모'가 되도록 하여, 글자 학습의 출발점에 인간의 근본적 관계를 두었다.

공자에게서 비롯된 유교 문명에서 가장 중요한 가치는 '효(孝)'였다. 효는 추상적인 도덕 개념이지만, '천지부모'라는 구절을 통해 아이들은 그것을 머리 위의 하늘, 발 아래의 땅, 그리고 가장 가까운 부모의 존재를 통해 자연스럽게 깨닫게 된다. 높은 하늘과 가까운 땅의 감각적 이미지는 부모의 은혜를 상징적으로 연결시켜, 효의 의미를 직관적으로 전달한다.

이처럼 『명물소학』의 앞부분에는 형제, 자매 등 가족 관계를 비롯해 생활 속에서 직접 접할 수 있는 사물과 인간의 관계를 나타내는 글자들이 실려 있다. 이들이 '유형천자(有形千字)'로 분류된 1천 자를 이룬다. 그 뒤에는 개념적이고 추상적인 의미를 지닌 글자 1천 자가 '무형천자(無形千字)'로 이어진다.

> 추상적인 가치를 가진 글자.
> 어질 인(仁), 옳을 의(義), 예의 예(禮), 슬기 지(智), 효도 효(孝), 공손 제(悌), 충성 충(忠), 믿을 신(信), 사랑 자(慈), 어질 양(良), 도타울 돈(敦), 화목 목(睦), 너그러울 관(寬), 화할 화(和), 공손 공(恭), 삼갈 신(愼) … 요임금 요(堯), 순임금 순(舜), 하우 우(禹), 은탕 탕(湯), 구멍 공(孔), 맏 맹(孟), 얼굴 안

(顔), 일찍 증(曾)

『명물소학』의 후반부에는 추상적 가치를 담은 글자들이 이어진다. 사람이 하늘로부터 부여받은 네 가지 참된 본성, 곧 '인의예지(仁義禮智)'를 시작으로, 효제(孝悌)처럼 인간관계의 자연스러운 질서 속에서 피어나는 도덕적 감정을 나타내는 글자들을 배운다. 책의 마지막에는 공자(孔子), 맹자(孟子), 안연(顔淵), 증삼(曾參) 등 유교의 성인을 가리키는 글자가 제시되어 있다. 흥미롭게도 '공(孔)' 자는 공자의 성을 뜻하지만, 동시에 '구멍 공'이라는 글자의 본래 뜻으로 풀이된다. '안(顔)' 자 역시 '얼굴 안'으로 표기되어 있다. 이는 글자의 1차적 의미를 먼저 이해하게 하고, 그 뒤에 그것이 성인의 이름임을 깨닫도록 하기 위한 구성으로 보인다.

『명물소학』의 원저인 『아학편』에 대한 연구는 정약용이 편찬한 아동 학습서 연구의 한 갈래로 이어져 왔다. 아동 학습이 중요한 이유는 문자에 문화의 핵심 내용이 저장되어 있기 때문이다. 문자를 익히면 문장의 뜻을 이해할 수 있고, 이를 바탕으로 과거의 지식을 되새기며 새로움을 창조할 수 있다. 바로 그 점에서 정약용의 문자 교육은 단순한 글자 학습을 넘어 문화 전승의 기초가 되었다.

『명물소학』은 여러 『아학편』 이본 가운데 하나로, 기존 판본을 대조하고 교정한 점이 특징이다. 또한 책 이름을 바꾸면서 어린이용 한자 학습 교재라는 성격을 더욱 분명히 했다. 정약용의 구상은 단순한 아동 교육을 넘어, 성인 역시 같은 체계로 학습할 수 있을 만큼 치밀하고 실용적이었다. 그의 교육관은 시대를 앞선 선각자의 안목을 보여준다.

한편 『명물소학』에 수록된 한자의 음과 훈은 오늘날의 언어 사용과는 다른 양상을 보인다. 이 점은 국어사 연구에서도 중요한 자료가 된다. 특히 『아학편』의 음과 훈을 교정하고 정비한 것이 『명물소학』의 장점이라면, 그 자체로 교육사와 언어사 연구 모두에 흥미로운 연구 주제가 될 것이다.

이창일

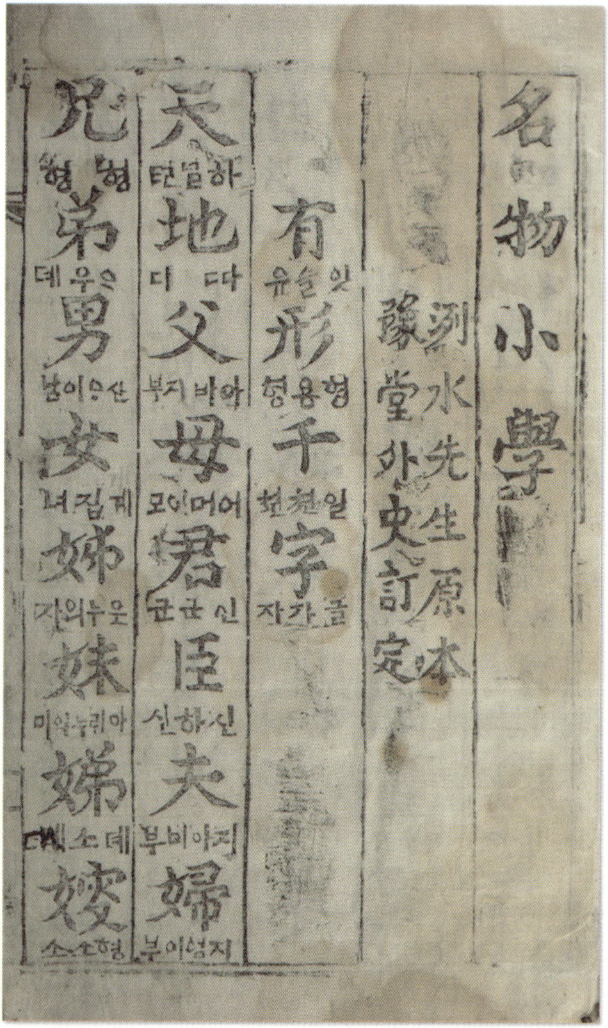

『명물소학』의 첫 장

6.
정조의 춘추좌씨전, 새로운 배움의 길

공자가 노나라(魯) 은공 원년(기원전 722)부터 애공 14년(기원전 481)까지의 역사를 연대순으로 엮은 『춘추(春秋)』는 편찬 직후부터 큰 영향을 미친 유교 경전 가운데 하나이다. 이 책은 문장이 매우 간결하여 역사적 사실과 그 의미를 파악하기가 쉽지 않았다. 그래서 후대 학자들은 이를 해석하기 위해 여러 주석서를 만들었다. 그 대표적인 것이 『춘추공양전(春秋公羊傳)』, 『춘추곡량전(春秋穀梁傳)』, 『춘추좌씨전(春秋左氏傳)』이다. 그 중 『춘추좌씨전』은 중국에서 일찍부터 우리나라에 전해졌고, 여러 차례 간행되면서 오랜 세월 깊은 영향을 미쳤다. 조선의 정조(正祖)는 특히 『춘추』의 뜻을 높이 사서 『춘추좌씨전』의 간행을 직접 주도했다. 『정조실록(正祖實錄)』과 『일성록(日省錄)』에는 정조가 『춘추좌씨전』의 간행을 명하고, 그 편찬의 취지를 신하들에게 직접 지시하는 장면이 자주 기록되어 있다.

> 내가 이서구에게 이르기를, "내가 근래에 『춘추』에 뜻을 두었는데, 『춘추좌씨전』의 주해는 아직 선본이 없다. 일전에 성대중(成大中, 1732~1809)을 불러서 만났을 때, 의례(義例)를 지시하여 알려주고, 주자의 『자치통감강목(資治通鑑綱目)』의 예(例)를 얼추 모방하여, 경문(經文)은 큰 글자로 쓰고 전문(傳文)은 작은 주(註)로 쓰게 하였다. 먼저 두세 장을 만들었는데, 통감강목범례(通鑑綱目凡例)는 소견이 과연 매우 좋으니 이 예에 따라 편찬하되, 성대중도 왕래하면서 살펴보는 것이 좋겠다" 하였다.
>
> - 『일성록』, 정조 20년 12월 12일

정조는 『춘추좌씨전』의 편찬 체제를 신하들에게 일일이 지시하며 간행에 심혈을 기울였다. 전체 구성과 주석의 기록 방식, 본문의 글자 모양과 배치 방법까지 세세하게 직접 챙겼다. 정조 이전에 간행된 『춘추』 주석서들은 주석이 지나치게 간략하거나 반대로 지나치게 번잡하고, 같은 인물의 이름이 서로 다르게 기록되어 이해하기 어려운 문제가 있었다.

정조는 이런 점을 모두 새롭게 정리하여 완성도 높은 선본을 만들고자 했다. 이에 따라 그는 기존의 편집 체계를 전면적으로 손보았다. 특히 주석 가운데 불필요하게 장황한 부분이 많아 내용 파악을 방해한다고 보고, 두예(杜預)의 주석을 중심으로 삼되, 여러 학자가 덧붙인 주석은 과감히 정리하여 내용을 간결하게 다듬었다.

또한 한 인물을 여러 이름으로 표기하는 사례가 적지 않았는데, 이 역시 독자의 이해를 어렵게 하는 요인이 되었다. 정조는 이를 바로잡기 위해 초계문신들에게 인물 명칭을 일일이 조사하게 했다. 명령을 받은 초계문신들은 분량을 나누어 며칠 밤을 새워가며 인물의 이름과 호칭을 대조·검증했다. 정조는 이렇게 주석을 산삭(刪削)하고 인물 명칭을 정리하는 세부 작업까지 직접 챙기며, 편찬 과정의 모든 단계를 보고받고 토론하면서 담당자들을 독려했다.

그의 관심은 내용 편집에만 머물지 않았다. 정조는 책의 체제와 구성을 넘어, 어떤 형태와 모양으로 간행할 것인가까지 깊이 고민했다.

> 매 권의 제1행 책 제목을 쓰는 곳에는 '춘추(春秋)'라고 쓰고, 제2행에는 한 글자를 낮추어 '좌씨전(左氏傳)'이라 쓰게 하였다. 매 경문 1단 아래에는 전문(傳文) 1단을 쓰게 하였는데, 전문은 위부인자(衛夫人字)로 하고, 경문은 '대자(大字)'를 사용하게 하였다. 경문이 있으나 전문이 없을 때에는 경문만 적고, 전문은 있는데 경문이 없는 경우에는 한 칸을 띄우

고 그 위에 '○'를 그려 넣게 하였다.

-『승정원일기』, 정조 20년 12월 12일

현존본을 살펴보면, 권수제면의 제1행에는 '춘추(春秋)'가, 그다음 행에는 두 글자를 낮춰 '좌씨전(左氏傳)'이라 기록했다. 제목·편명·경문에는 큰 글자를 사용하고, 전문에는 정유자(丁酉字)를, 주석에는 정유자 소자(小字)를 사용하여 글자의 크기로 경문·전문·주석이 시각적으로 구분되도록 했다. 이처럼 세 종류의 활자를 사용하여 인쇄한 『춘추좌씨전』은 글자의 크기만 보아도 내용의 위계를 파악할 수 있다. 큰 글자는 중간 글자보다 두 배 이상 크고, 작은 글자는 중간 글자의 절반 크기이다. 큰 글자는 공자(孔子)가 쓴 『춘추』의 경문 부분, 중간 글자는 좌구명(左丘明)의 주석인 전문, 작은 글자는 두예(杜預)를 비롯한 여러 학자가 남긴 세부 주석에 해당한다.

이 중 전문과 주석에 사용된 중간 글자와 작은 글자는 1777년(정조 1)에 주조된 금속활자인 정유자와 정유자 소자를 이용했다. 반면, 경문에 사용할 큰 글자는 새로 목활자를 제작할 계획을 세웠다. 정조는 새 활자 제작을 위해 성대중(成大中), 신위(申緯), 조종영(趙鍾永), 조윤형(曺允亨), 이명연(李明淵) 등 당대의 명필들에게 『춘추』의 경문을 써보도록 명했다. 그 가운데 하나를 채택해 목활자를 만들려는 의도였다. 정조는 글씨체가 경박하거나 들쭉날쭉한 것을 매우 싫어했기 때문에, 경문에 사용할 글꼴의 모양까지 직접 지정했다.

정조는 충렬공(忠烈公) 황일호(黃一皓)의 후손으로 명필로 이름이 높았던 황운조(黃運祚)에게도 글씨를 써보게 하고 싶었으나, 당시 영남지방의 가뭄으로 군수직을 비워둘 수 없는 상황이었다. 『일성록』의 기록을 보면, 이후 가뭄은 해소되었지만 군수 자리를 오래 비워둘 수 없었기 때문에 인천부사로 임명되었지만 아직 부임하지 않은 이영운(李榮運)을 합천군수로 보내고, 황운조는 인천부사로 전임시킨 사실이 확인된다. 이는 정조가 『춘추좌씨전』 간행에 필요한 인력까지 세밀하게 조정하며 사업을 추진했음을 보여준다.

> 어제 장본(狀本)을 보니, 본군(합천)이 도내 여러 읍 가운데 비가 가장 많이 내렸다 하니 심히 다행이다. 고을의 수령 자리가 오랫동안 비어 있는 것을 허락할 수 없으니, 합천군수 황운조는 아직 부임하지 않은 인천부사 이영운과 서로 자리를 바꾸도록 하라. (이영운이) 아직 올라오지 않았다고 하니, 하직 인사를 하지 말게 하고 즉시 (합천으로) 부임하라고 분부하라.
>
> – 『일성록』, 정조 21년 7월 5일

영남지방에 비가 내렸다는 소식을 듣고, 아직 부임하지 않은 인천도호부사와 합천군수의 자리를 서로 바꾸게 할 정도로, 정조는 『춘추좌씨전』에 쓸 글자본의 서사자를 신중히 찾았다. 그 결과 조윤형과 황운조의 글씨가 최종적으로 선택되었다. 간행을 앞두고 정조는 두 사람의 글씨 중 하나를 활자본으로, 다른 하나는 목판본으로 인쇄하는 방안까지 검토하며 끝까지 고심했다. 그러나 결국 두 사람의 글씨체 모두 활자본으로 제작하여, 각각 별도로 인쇄하고 두 벌의 책을 동시에 간행하기로 결정했다. 정조가 이들을 서사자로 정한 이유는 글자체의 아름다움뿐만 아니라, 조윤형과 황운조 두 사람 모두가 명문가 출신으로 학문과 인품을 갖춘 인물이었다는 점도 작용한 것으로 보인다.

> 이 경문을 정서한 자는 동지돈녕부사 조윤형과 인천부사 황운조이다. 두 사람은 필명(筆名)으로 세상에 이름이 널리 알려졌으며, 더구나 조윤형은 바로 문충공(文忠公) 조한영(曺漢英)의 현손이고, 황운조 또한 충렬공(忠烈公) 황일호(黃一皓)의 현손이다. 그 집안 사람이 이 경문을 베껴 쓴 일도 드문 일이라고 이를 만하니 모두 가자(加資)하라.
>
> – 『승정원일기』, 정조 21년 12월 20일

서사자로 선정된 두 사람은 1만7천 자에 달하는 『춘추』의 경문을 직접 필사했다. 그들의 글씨를 본떠 만든 글자체가 바로 '춘추강자(春秋綱字)'라 불리는 목활자이다. 체본 한 벌당 5,260자를 주조하여 책을 간행했는데, 활자본만으로는 대량 인쇄가 어렵기 때문에 활자본을 모본으로 삼아 각기 별도의 목판본도 제작했다.

1797년(정조 21)에 책이 성공적으로 간행되자, 정조는 간행에 참여한 신하들에게 공적의 크기에 따라 표범가죽, 말, 베, 무명 등 다양한 물품을 하사했다. 조윤형과 황운조는 『춘추좌씨전』을 서사한 공으로 가자(加資)를 받아서 황운조는 정3품 당하관 통훈대부(通訓大夫)에서 정3품 당상관 통정대부(通政大夫)로 품계가 올랐다. 오른쪽과 자료는 그때 발급된 황운조의 고신이다.

이렇게 만들어진 춘추강자(春秋綱字)와 정유자(丁酉字), 정유자 소자(小字)를 사용하여 약 130일 동안 인쇄작업이 진행되었고, 모두 70여 권이 인쇄되었다. 필요한 수량에 비해 인쇄본이 매우 적었기 때문에, 이 활자본을 저본으로 삼아 번각(翻刻)하여 목판본을 만들고 필요한 사람이 인쇄할 수 있도록 했다. 1798년(정조 22)에는 황운조 활자본, 1799년(정조 23)에는 조윤형의 활자본을 각각 목판본으로 제작했다. 이 책들은 간행

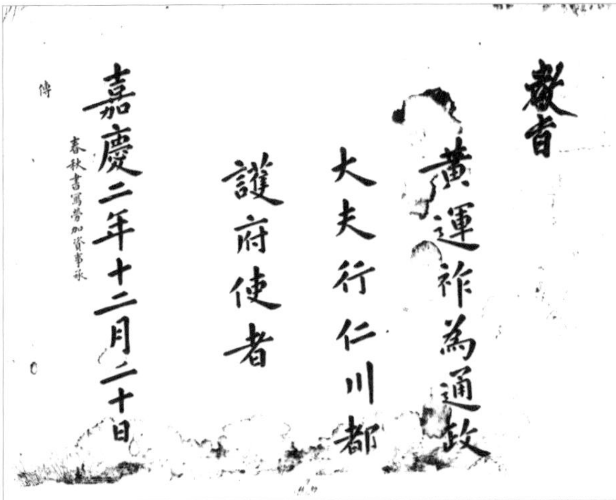
教旨
黃運祚爲通政
大夫行仁川都
護府使者
嘉慶二年十二月二十日
春秋書寫勞加資事承
傳

교지

황운조를 통정대부 행(行) 인천도호부사로 삼음
가경 2년(1797) 12월 20일
『춘추(좌씨전)』를 서사한 노고로 가자하라는 왕명을 받듦

1797년 황운조 고신과 그 내용

을 주관한 인물과 일부 관청, 서원 등에 배포되었다.

1799년 조윤형 활자본을 저본으로 한 목판본이 완성되었을 때는 이미 조윤형이 별세한 뒤였다. 정조는 조윤형의 공을 기리기 위해 목판본 1부를 조윤형의 집안에 반사(頒賜)하도록 명했는데, 생전 역임하지 않은 돈녕부사 관직으로 조윤형에게 책을 하사했기 때문에, 정조는 특별히 하교하여 그에게 돈녕부사 임명장도 함께 내리게 했다.

> 병자일. 하교하시기를, "근래 새로 간행한 『춘추(좌씨전)』를 복각한 일로 인해 제사를 올린 뒤, 그 일을 주관한 사람의 집에 한 벌씩 나누어 주도록 하였다. 고(故) 중신(重臣: 조윤형)이 이미 돈령부(敦寧府)의 관직을 역임했다고 생각하여 그렇게 썼는데, 지금 들으니 그 관직을 거치지 않았다고 한다. 이미 그렇게 직함을 써 넣었으니 어찌 뒤에 고칠 수 있겠는가? 지사(知事) 조윤형의 집에 해당 관청으로 하여금 지돈녕부사(知敦寧府事) 관직 임명장을 만들어 옥새를 찍어 보내도록 하라."
>
> – 『정조실록』, 23년 11월 22일

정조는 이렇게 새로 간행한 『춘추좌씨전』을 응강(應講)에 활용하는 등, 학자들이 널리 이용할 수 있도록 계획했다. 그러나 과거 응시 항목에서 『춘추』가 제외되었던 당시 상황과 정조의 갑작스러운 승하는 학자들이 『춘추』를 이전보다 덜 주목하는 계기가 되었다.

이혜정

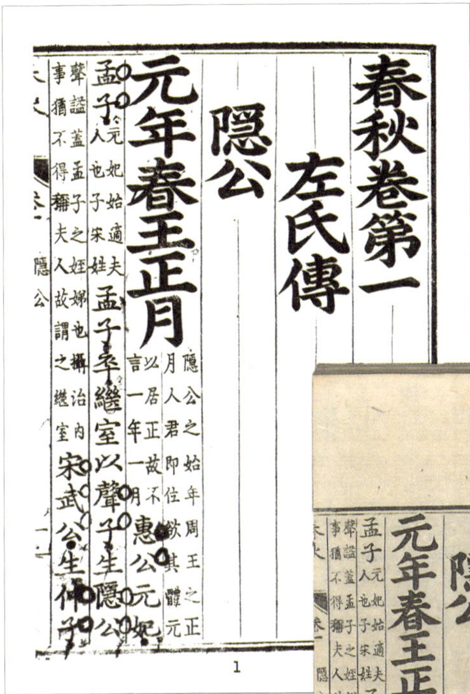

春秋卷第一

左氏傳

隱公

元年春王正月 隱公之始年周王之正月人君即位欲其體元以居正故不言一年一月 惠公元妃孟子 元妃始適夫人也子宋姓 孟子卒繼室以聲子生隱公 聲諡蓋孟子之姪娣也攝治內事猶不得稱夫人故謂之繼室 宋武公生仲子

1

『춘추좌씨전』 활자본(황운조본)
(국립중앙도서관 소장)

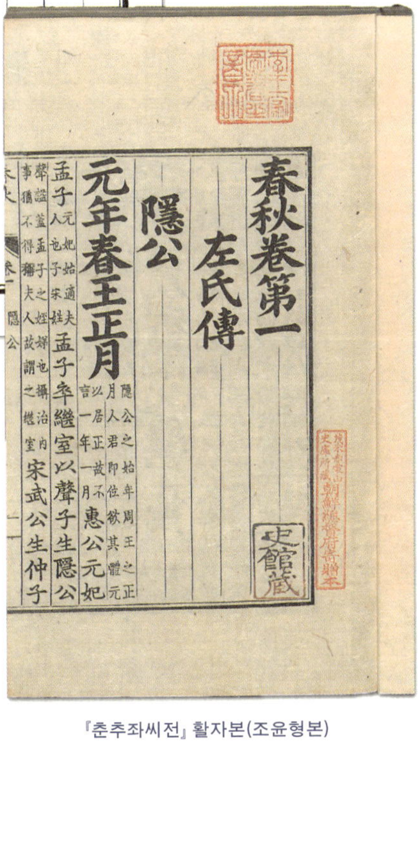

春秋卷第一

左氏傳

隱公

元年春王正月 隱公之始年周王之正月人君即位欲其體元以居正故不言一年一月 惠公元妃孟子 元妃始適夫人也子宋姓 孟子卒繼室以聲子生隱公 聲諡蓋孟子之姪娣也攝治內事猶不得稱夫人故謂之繼室 宋武公生仲子

『춘추좌씨전』 활자본(조윤형본)

7.
인재일록과 야곡일록, 선비의 일상 기록

예나 지금이나 '일상'과 '평화'라는 말은 결코 쉽지 않다. 평화로운 일상을 만들고 가꾸려는 노력은 지금도 이어지고 있다. 물론 외부로부터 닥치는 전란이나 질병 같은 변수가 있겠지만, 그 근본에는 생업과 관련한 경제적 안정이 크게 작용한다. 조선시대 선비들이 "무항산(無恒産) 무항심(無恒心)"이라 하여, 일정한 재산이 없으면 마음조차 편안하기 어렵다고 한 이유도 바로 여기에 있다. 그런 점에서 17세기 조선을 살았던 대표적인 성리학자 조극선(趙克善, 1595~1658)의 삶은 흥미롭다. 그는 고고한 선비이자 학자로 살고자 했지만, 동시에 일상을 성실히 살아내려 애쓴 한 사람이었다. 그는 자신의 삶을 꼼꼼히 기록으로 남겼고, 그 결과가 오늘날까지 전해지는 일기이다.

조극선은 충청도 예산지역에서 살면서 15세부터 41세까지 26년 동안 부지런히 일기를 썼다. 그는 29세까지의 일기를 묶어 『인재일록(忍齋日錄)』이라 하고, 이후의 기록은 『야곡일록(冶谷日錄)』이라 이름 붙였다. 두 일기의 제목은 모두 그의 호(號)에서 따왔다. '인재(忍齋)'는 인내를 뜻하며, 그의 삶의 지표를 보여준다. '야곡(冶谷)'은 그가 살던 마을의 이름이자 자연을 상징하는 표현이다. 조극선의 호와 일기 제목에는, 누구나 바라는 일상의 평화를 그리고자 한 마음이 담겨 있다.

그의 일기는 1609년(광해군 1) 12월 3일부터 시작된다. 15세의 소년 조극선은 그날 일기의 첫머리에 이렇게 썼다. "날마다 일어나는 일을 적되, 역사 기록의 체제를 본받아 '일록(日錄)'이라 한다." 그는 일기를 쓰는 이유와 방법을 스스로 정하고 기록을 시작했다. 그리고 15년이 지난 1624년(인조 2) 새해, 서른 살이 된 그는 일기책의 이름을 『야곡일록』으로 바꾸며 좀 더 세밀한 일기 작성의 범례를 마련했다.

> 무릇 (선물을) 사양하거나 받고, 취하거나 줄 때에는 윗사람의 경우 '사(賜)나 급(給)'이라 쓰고, 대등한 관계의 사람이라면 '궤(饋)', '유(遺)', '이(貽)', '치(致)' 등의 단어를 사용한다. 아랫사람의 경우에는 '헌(獻)', '진(進)', '납(納)'이라 적어 구별한다. 만약 부조(扶助)나 이별할 때 주고받은 물건이 있으면, 그 사유와 명목을 밝혀 적는다. 마땅히 사람들이 나에게 덕을 베푼 은혜가 있다면 내가 잊지 말아야 하므로,

일의 크고 작음에 관계없이 비록 음식 한 점이라도 반드시 자세히 기록한다.

위 내용은 조극선이 정한 여러 범례 가운데 경제생활과 관련된 부분이다. 그는 물건을 주고받을 때 반드시 두 사람의 관계를 확인하고, 그에 맞는 단어를 신중히 선택해야 한다고 보았다.

이러한 태도는 그가 살았던 17세기의 시대 상황을 함께 떠올려 볼 필요가 있다. 당시는 곡물과 면포가 대표적인 화폐 역할을 하던 시기로, 대부분의 거래가 현물로 이루어졌다. 국가가 주조한 동전이 본격적으로 유통된 것은 18세기 이후의 일이다. 시장 체계가 아직 충분히 발달하지 않았던 당시에는 필요한 물품을 선물로 주고받는 경우가 흔했다. 조극선은 이러한 선물을 '덕(德)'이라 표현하며, 주고받는 관계의 성격과 그 가치의 의미를 매우 엄격하게 여겼다.

그는 선물을 주고받은 사람과 내용을 잊지 않기 위해 일기를 썼다. 관계의 성격에 따라 사용한 단어를 달리한 것도 그 때문이다. 조극선은 선물경제의 일원으로서 받은 만큼 되갚는 것을 도리로 여겼고, 그 기록을 꼼꼼히 남겼다. 그의 일기에는 친척이나 친구들로부터 해산물·젓갈·고기 같은 식재료나 음식은 물론, 붓과 먹 같은 문구류, 면포와 쌀 등 생필품을 선물로 받고 돌려준 사례가 적지 않다.

그렇다고 해서 모든 생필품을 선물에만 의존한 것은 아니다. 기록에 따르면 필요할 때는 시장에서 직접 물건을 사거나 사람들과 거래하기도 했다. 그와 그의 집에서는 농사와 이동을 위해 소와 망아지를 구입했는데, 그가 산 소 한 마리 값은 면포 5필이었다. 또 보리 2되로 오이를 사고, 쌀 1말로 소고기를 사며, 매조미쌀 1말로 청어와 낙지를 구입했다는 기록도 남아 있다. 곡물과 면포 같은 화폐 단위를 이용한 거래도 있었지만, 현물을 직접 교환하는 방식도 여전히 일반적이었다.

조극선은 자신이 직접 행한 거래뿐 아니라 주변에서 본 교환의 장면도 꼼꼼히 기록했다. 1614년(광해군 6) 가을, 스무 살이던 그는 자신의 초립을 팔아 감 10첩을 샀다는 일기를 남겼다. 이처럼 소소한 기호품을 마련하기도 했지만, 그의 일기 대부분은 곡물을 확보하기 위한 기록이다. 22세 때인 1616년 봄, 그는 이렇게 적었다. "지금 목면 1필을 팔면 매조미쌀 3말 정도밖에 받을 수 없으니, 올해의 시세가 그렇다." 춘궁기의 어려움을 토로한 이 기록에는 당시 곡물가 상승의 현실이 드러난다.

성리학을 공부하며 마음을 닦고자 했던 조극선도 현실의 곤궁함과는 무관할 수 없었다. 그의 매매 기록은 주로 생필품을 팔아 곡물을 마련한 내용이 대부분이다. 봄과 가을에는 면포나 신발을 팔아 보리를 사는 일이 잦았다. 특히 춘궁기에는 곡물을 구하기가 더욱 어려웠다. 1620년(광해군 12), 스물여섯 살이 된 그의 일기에는 가난과 매매가 맞닿아 있던 삶의 단면이 생생하게 담겨 있다.

> 처가가 궁핍하여 『통감절요』 6권을 팔려고 하였다. 그런데 대체로 곡식을 구하는 사람이 많았으나, 팔려는 사람은 적었고, 비록 있다고 하더라도 값을 싸게 주려고 하였다. 찾아오는 사람도 스무 명이 되지 않았으며, 흥정하는 값은 모두 시세에 미치지 못하였다.
>
> – 『인재일록』, 1620년 2월 20일

조극선은 처가가 춘궁기에 곡식을 구하기 위해 양반이 가장 소중히 여기는 책마저 팔아야 하는 현실을 기록하고 있다. 그는 처가에서 『통감절요』를 팔아 곡식을 구하려 했지만, 사려는 사람들은 파는 쪽의 절박한 형편을 알고 값을 낮추어 부르는 상황을 생생히 묘사했다. 조극선은 양반으로서 책을 팔아야 하는 처지를 안타까워하며, 마음의 양식을 팔아 몸을 부지할 양식을 얻는 거래라고 자조적으로 바라보았다. 그러나 동시에 자신과 가족이 이처럼 견디기 어려운 궁핍한 상황에 내몰리지 않은 현실을 다행으로 여길 수밖에 없었다.

> 사람들이 모두 궁핍함을 근심하고 굶어 죽는 사람이 많아 그 참상을 말로 다 할 수 없다. 그러나 우리 집은 다행히 한 자의 베도 팔지 않고도 오히려 연명할 수 있다. 처가는 말의 장신구와 활까지 팔고, 노비와 재물마저 내놓아도 부족하였다.
>
> -『인재일록』, 1620년 4월 29일

조선시대 사람들은 봄철에 보리 수확이 있기 전까지 곡식이 모자라면 초근목피로 연명하곤 했다. 이런 과정에서 굶어 죽는 사람이 생기는 일도 드물지 않았다. 조극선과 그의 가족은 이런 극한의 현실 속에서도 자급자족이 가능해, 집안의 살림살이나 면포 같은 화폐를 팔지 않고도 버틸 수 있었다. 그는 세상의 참상을 걱정하면서도, 한편으로는 자신의 형편이 그나마 나은 데 대해 다행스럽고 안도하는 마음을 일기에 남겼다.

17세기를 살았던 조극선은 성리학자로서 마음을 닦아 욕심을 줄이려 애썼지만, 현실의 고통에서 완전히 벗어날 수는 없었다. 생계를 유지하기 위해서는 경제활동을 해야만 했고, 사람들과의 교류 속에서 선물을 주고받거나 때로는 시장에서 음식이나 생필품을 사야 했다. 그에게 가장 힘든 시기는 춘궁기였다. 양반으로서 체면과 선비로서의 자존을 지키면서도 생계를 꾸려야 했던 조극선의 삶은, 당시 양반층이 겪었던 현실적 고단함을 보여준다.

정수환

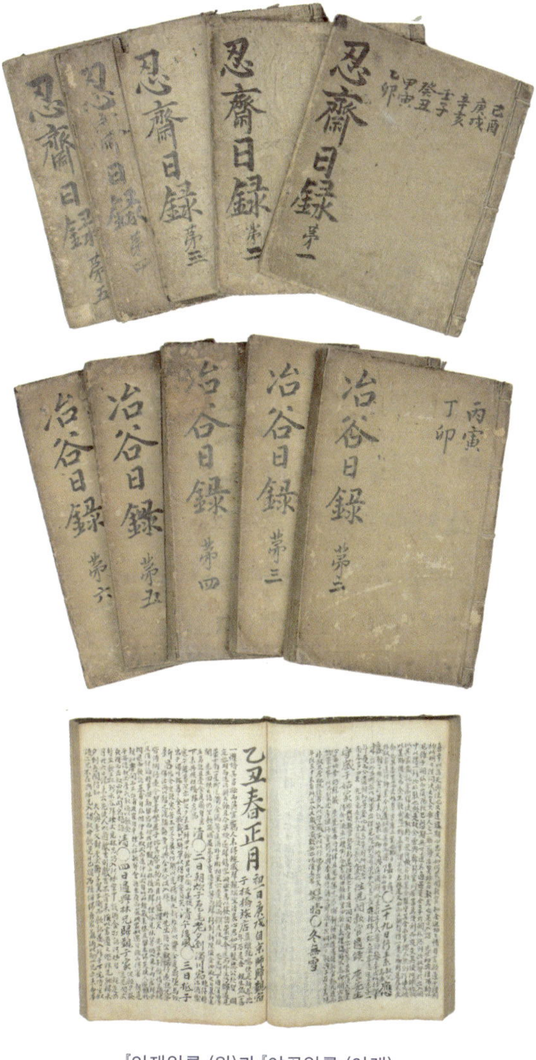

『인재일록』(위)과 『야곡일록』(아래)

8.

팔고조도, 가문의 뿌리를 그리다

가계 기록(족보) 가운데에서도 가장 독특한 형식으로 꼽히는 것이 내외보(內外譜)와 팔고조도(八高祖圖)이다. 팔고조도는 말 그대로 8명의 고조(高祖)를 표시한 계보도이다. 이 표는 보통 5단으로 구성된다. 맨 아래에는 본인을 중심에 두고, 오른쪽에는 부계 조상을, 왼쪽에는 모계 조상을 각각 위로 3대(代), 즉 본인을 기준으로 4대조까지 올려 기록한다.

팔고조도의 특징은 족보와 반대 방향으로 기록된다는 점이다. 족보가 시조로부터 자손으로 내려가는 체계라면, 팔고조도는 '나'를 기준으로 위로 올라가며 조상을 찾는 방식이다. 개인의 조상 관계를 가장 심층적으로 보여주는 표현 방식이라 할 수 있다. 각 단의 구조를 살펴보면, 2단인 부대(父代)에는 부모 2명이, 3단인 조대(祖代)에는 4명(조부·조모, 외조부·외조모)이 자리한다. 4단 증조대에는 8명이 올라가며, 맨 위 5단 고조대에는 8명의 고조가 배치된다. 여기에 여성

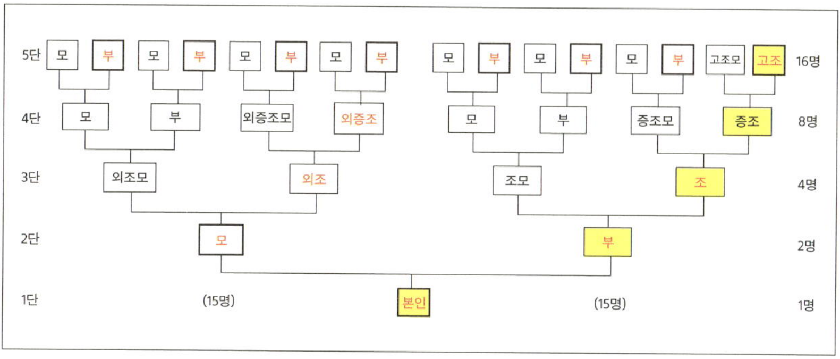

팔고조도 법식

조상까지 포함하면 총 16명의 명단이 기록된다. 이러한 방식으로 계산하면 10대조에 이르면 그 수가 무려 1,024명에 이른다.

팔고조도에서 1대를 더 올리면 십육조도(十六祖圖)가 된다. 십육조도 역시 팔고조도와 마찬가지로 5단으로 구성되며, 부의 팔고조도와 모의 팔고조도를 합쳐 만든다. 따라서 고조 16명과 고조모 16명, 총 32명의 조상이 그 안에 포함된다.

위 그림에서 가장 오른쪽의 고조를 제외한 상단의 15명은 넓은 의미에서 외가(外家)에 속하는 조상이다. 즉, 증조부의 외가, 조부의 외가, 부의 외가, 그리고 본인의 외가가 여기에 해당한다.

팔고조도는 가계도를 구성하는 최소 단위이자 최대 단위였다. 고조의 윗대까지 소급하여 계보를 확장할 때도 팔고조도를 하나의 단위로 삼았다. 예를 들어 부의 팔고조도와 모의 팔고조도를 그린 다음, 조부의 팔고조도와 조모의 팔고조도, 이어 증조부의 팔고조도와 증조모의 팔고조도를 차례로 작성하는 방식이었다.

이처럼 팔고조도를 한 단위로 삼은 전통은 고대 중국의 종법(宗法)에서 유래했다. 그러나 한국에서도 상당히 오래전부터 이러한 형식이 존재했던 것으로 추정된다. 조선 왕실에서는 특히 왕비의 가계를 팔고조의 범위까지 밝혀 기록하는 것이 관례였다. 왕실 족보인 『선원계보기략(璿源系譜紀略)』에는 역대 왕의 팔고조도가 수록되어 있는데, 이는 역대 왕비의 팔고조를 밝히는 자료가 따로 존재했기 때문에 가능했던 일이다.

조선왕조실록에는 고려시대 사대부의 호구식(戶口式), 즉 인구 및 가계 기록 방식이 언급되어 있다. 그 가운데 사조(부·조·증조·외조)만 기록한 것을 사조호구(四祖戶口)라 했고, 여기에 조부모·증조부모·외조부모·처부모까지 포함하여 사조를 완비한 형태를 팔조호구(八祖戶口)라 했다. 팔조호구는 단순한 인적 등록이 아니라 가문의 내외 관계를 모두 포함한 체계였다. 아버지의 내외향(內外鄕)·조부의 외향·증조의 외향·어머니의 내외향·처의 내외향을 합하여 팔향으로 구성되었다.

고려시대 사대부의 팔조호구는 조부·조모, 증조부·증조모, 외조부·외조모, 처부·처모를 포함한 8명의 조상 즉, 팔조의 사조를 기록한 문서였다. 팔조호구에는 모두 45명의 조상이 기록되어 있는데, 그중 호(戶)의 조상은 33명, 호처(戶妻)의 조상은 12명이다. 호의 조상 33명을 부계와 모계로 나누면, 부계가 20명, 모계가 13명으로 구성되어 있다. 이 가운데 중요도는 호의 부계, 모계, 처계 순이었다. 팔조호구는 호를 기준으로 부계는 6대조까지, 모계는 5대조까지, 처계는 4대조까지 조상을 계통에 따라 차등을 두고 기록했다.

고려시대 팔조호구는 조선시대 팔고조도에 일정한 영향을 미친 것으로 보이지만, 실제 기록 양식이나 조상 수를 비교해보면 두 제도는 전혀 같지 않다. 팔고조도는 본인을 중심으로 부계와 모계를 각각 위로 세 대씩, 모두 30명의 조상을 그린다. 한 세대를 더 확장한 십육조도는 부계와 모계를 합쳐 총 62명의 조상이 포함된다. 이에 비해 팔조호구에는 45명의 조상이 기록되어 있는데, 이 가운데 부계 조상이 20명, 모계 조상이 13명, 그리고 처계 조상이 12명이다.

팔고조도는 같은 고조 8촌을 하나의 친족 단위로 인식하던 친족제도의 산물이었다. 이는 고조에서 갈라진 사람들끼리는 서로 복제(服制)의 의무를 지닌 관

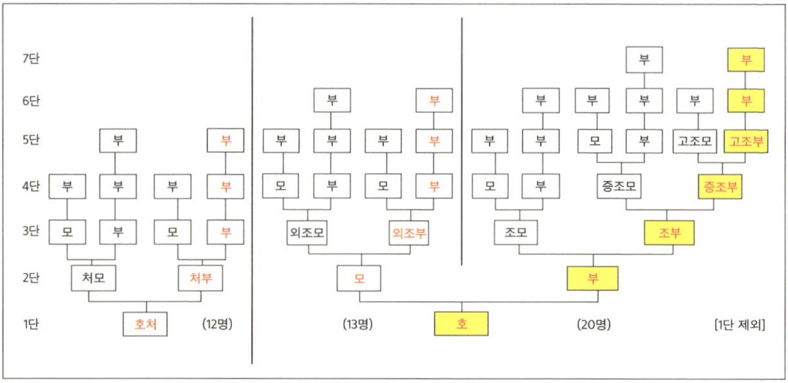

팔조호구 법식

계였기 때문이다. 반대로 8촌을 넘어서면 친진(親盡) 또는 복진(服盡)이라 하여, 상복을 입을 의무가 없는 관계로 구분했다. 이러한 규범에 따라 동고조 8촌 이내의 친족집단은 서로의 혈연적 관계를 인식하기 위해 가승(家乘)이나 팔고조도 등을 만들어 공유했다.

조선시대에는 국가가 개인의 신분을 파악하기 위해 호적(戶籍)을 작성했는데, 이 호적에는 부·조·증조·외조가 포함된 4조호구(四祖戶口)가 기본 단위였다. 국가는 이 호구를 근거로 각 개인에게 신분에 따른 역(役)을 부과하고, 세금을 매겼다. 따라서 양반과 같은 상위 신분은 자신들의 출신과 혈통을 증명하기 위해 족보, 가승, 팔고조도 등을 적극적으로 작성했다.

조선에서는 종친 모임을 '화수회(花樹會)'라 불렀는

데, 이는 '꽃피는 나무 아래에서 자손이 모인다'는 뜻이다. 흥미로운 점은 팔고조도의 형상이 마치 한 그루의 나무처럼 위로 뻗어 올라가는 구조라는 것이다. '화수'의 꽃과 열매가 자손을 상징하듯, 조상과 자손이 한 몸의 가지로 이어지는 혈연적 연속성을 시각적으로 보여준다.

이재옥

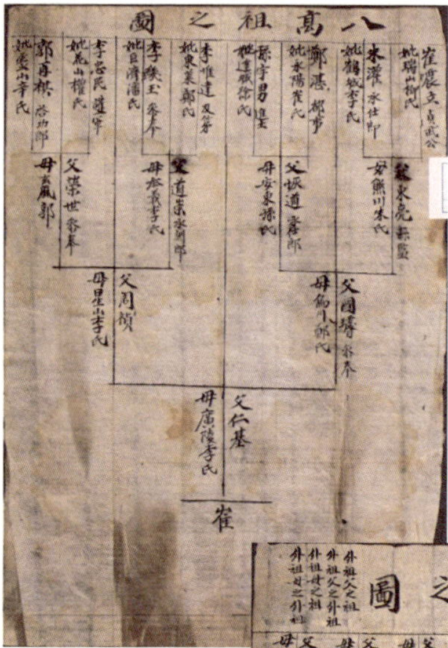

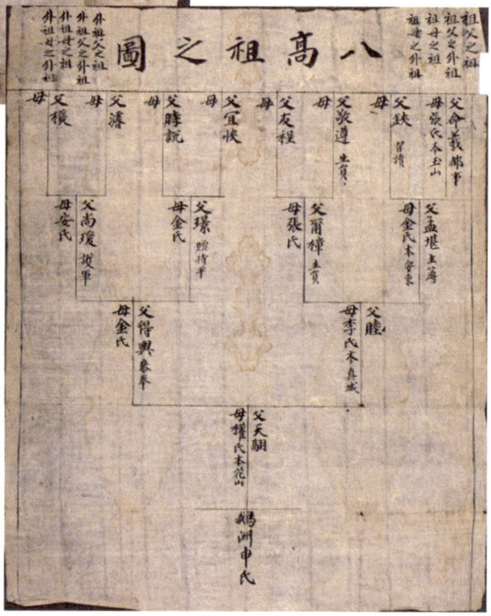

경주최씨 팔고조도와 아주신씨 팔고조도
(경주 이조 경주최씨 소장)

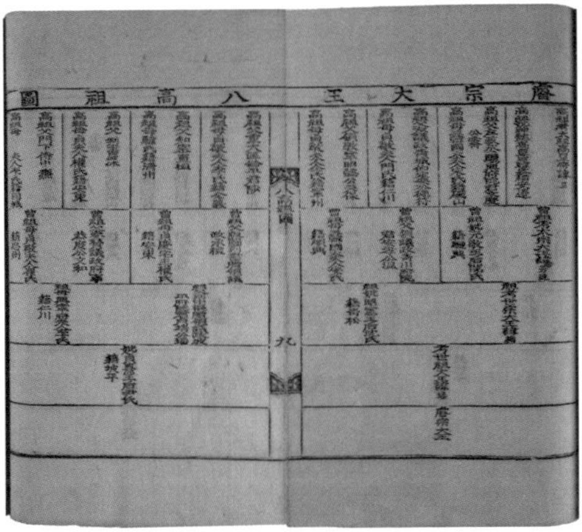

『예종대왕 팔고조도』의 선원계보기략

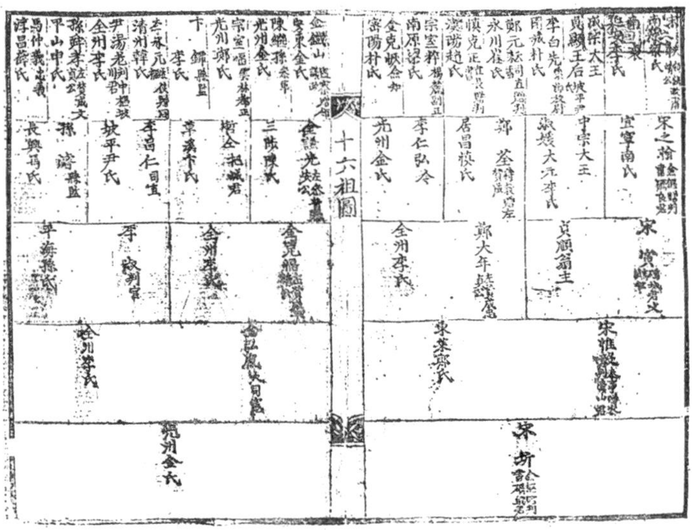

십육조도 여산송씨(송기)

9.
서책목록,
손안의 작은 도서관

서책목록(書冊目錄)은 한 가문이 소장한 서책의 규모와 성격을 파악할 수 있는 중요한 지표이다. 당장의 끼니를 잇는 일조차 쉽지 않았던 시절에 책을 읽고 모은다는 것은 결코 만만한 일이 아니었다. 그럼에도 불구하고 옛사람들은 과거 준비, 인격 수양, 혹은 개인적 관심 등 다양한 이유로 책을 수집했다. 이러한 노력은 한 사람의 취미에 그치지 않고, 여러 대에 걸쳐 이어지는 가문의 컬렉션으로 발전하며 상징적인 의미를 지니게 되었다. 한국학중앙연구원 장서각에 소장된 '광주 평산신씨 신대우 전적(廣州 平山申氏 申大羽 典籍)'은 그 대표적인 사례로 꼽을 수 있다.

『서책목록』은 표지와 첫 면에 제목이 적혀 있으며, 손에 들고 보관하기에 알맞은 크기로 제작되었다. 일반 서책보다 훨씬 작지만, 선장(線裝) 방식으로 정성스럽게 장정되어 있어 그 제작 과정에 담긴 세심한 손길을 엿볼 수 있다. 목록 작성자는 사부분류법(四部分類

法)에 따라 서책의 정보를 기록했는데, 그 체계가 오늘날의 사부분류법과 완전히 일치하지는 않는다. 이를 정리하면 다음과 같다. ( ) 안 숫자는 수량

- 경부(經部 378): 시류(詩類 39), 서류(書類 45), 역류(易類 36), 예류(禮類 47), 춘추류(春秋類 10), 효경류(孝經類 2), 오경총의류(五經總義類 13), 사서류(四書類 120), 소학류(小學類 66)
- 사부(史部 247): 미기재류(67), 편년류(編年類 129), 잡사류(雜史類 51)
- 자·집부(子·集部 593): 제가총류(諸家總類 266), 잡전기류(雜傳記類 125), 시가류(詩家類 60), 지지류(地志類 10), 율문류(律文類 8), 보첩류(譜牒類 28), 소설류(小說類 37), 서첩류(書帖類 50), 과문류(科文類 9)

『서책목록』에 기록된 서책의 수량은 총 1,218점이다. 목록에 따르면 크게 경부 378점, 사부 247점, 자·집부 593점으로 나뉘며, 자부와 집부는 따로 구분하지 않았다. 특히 자·집부에 포함된 잡전기류·지지류·율문류·보첩류 등은 현대의 사부분류법으로 보면 사부에 해당한다. 사부분류에 따라 정리된 항목 아래에는 서책의 책명, 수량, 기타 정보가 차례로 기재되어

있다. 서책의 물리적 수량을 표시할 때 보통은 '책(冊)'이라는 단위를 쓰지만, 이 목록에서는 '권(卷)'을 사용했다. 두루마리 형태의 서책은 '축(軸)'으로 적었으며, 거질의 서책 가운데 책함(冊函)이나 책갑(冊匣) 등 별도의 보관함이 있는 경우에는 '함(函)'과 '갑(匣)'의 수량까지 함께 기록했다. 또한 "3권 중 2권 잃어버림[三卷內, 二卷佚.]", "12권 중 1·6권 잃어버림[十二卷, 一卷六卷佚.]"처럼 분실된 권수까지도 빠짐없이 명시했다.

이 외에도 서책과 관련된 정보는 매우 다양하다. 완판(完板), 백로판(白露板), 주판(鑄板) 등은 책의 판본을 구분하는 표시이며, 당판(唐板), 당지본(唐紙本)과 같은 기록은 중국에서 간행된 서책임을 알려준다. 또 과거 시험 합격자 명부인 『정시방목(庭試榜目)』, 『사마방목(司馬榜目)』, 그리고 실록청 참여 인원의 명부인 『사국제명록(史局題名錄)』에는 간지나 임금의 묘호를 적어 대략적인 편찬 시기를 추정할 수 있도록 했다. 이밖에도 목록에는 책의 외형을 짐작할 수 있는 세부 정보가 적지 않다. 예를 들어 '등본(謄本)'은 내용을 베껴 쓴 필사본을, '홍의(紅衣)'는 붉은 표지를, '미장(未粧)'은 표지를 장정하지 않은 상태를 뜻한다. 이러한 기록을 통해 당시 서책의 형태와 장정 방식을 구체적으로 그려볼 수 있다.

특히 『서책목록』에는 임금으로부터 하사받은 내사

본(內賜本)이 상당히 많이 포함되어 있다. 『시전대전(詩傳大全)』, 『서전대전(書傳大全)』, 『춘추좌전(春秋左傳)』, 『오경백편(五經百篇)』, 『논어대전(論語大全)』, 『맹자대전(孟子大全)』, 『대학유의(大學類義)』, 『천자문(千字文)』, 『규장전운(奎章全韻)』, 『오륜행실(五倫行實)』, 『은중경(恩重經)』, 『은중경언해(恩重經諺解)』, 『은중경묵탑본(恩重經墨搨本)』, 『팔자백선(八子百選)』, 『사부수권(四部手圈)』, 『주서백선(朱書百選)』, 『고문진보(古文眞寶)』, 『육주약선(陸奏約選)』, 『열성지장(列聖誌狀)』, 『정시문정(正始文程)』, 『은배시집(銀杯詩集)』, 『갱재축(賡載軸)』, 『정리의궤(整理儀軌)』, 『아송(雅誦)』, 『두율분운(杜律分韻)』, 『두육천선(杜陸千選)』, 『육율분운(陸律分韻)』, 『칠월첩(七月帖)』, 『어제자서첩(御製自序帖)』 등 29종의 서책이 이에 해당한다. 이 가운데 일부는 '광주 평산신씨 신대우 전적'에 실제로 포함되어 현재까지 전해지고 있다. 그 구체적인 모습을 살펴보면 다음과 같다.

『서책목록』에 기록된 『은배시집』은 2권, 즉 물리적으로 2책으로 구성된 내사본이다. 실제로 '광주 평산신씨 신대우 전적'에는 『태학은배시집(太學銀杯詩集)』이라는 이름의 고서 2책이 전해지고 있다. 이 책은 태학(太學), 즉 성균관 유생과 규장각 각신, 초계문신들이 지은 시에 정조의 어제시, 어제서를 함께 엮어 정리자(整理字)로 인쇄한 금속활자본이다. 첫 번째 책의 표지

『서책목록』 표지

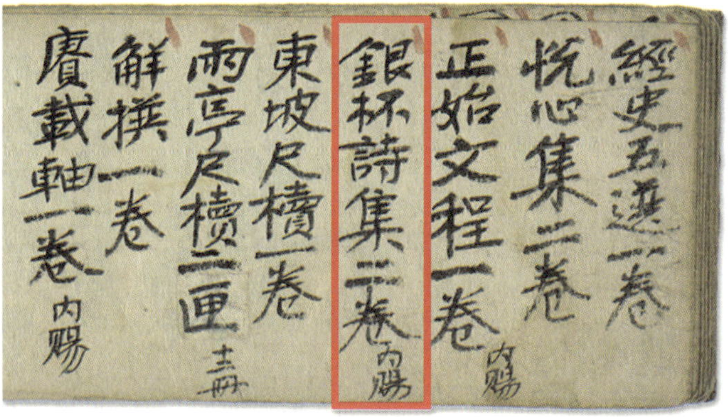

經史五選一卷
悅心集二卷
正始文程一卷 內賜
銀杯詩集二卷 內賜
東坡尺牘一卷
雨亭尺牘二匣 十冊
解撰一卷
賡載軸一卷 內賜

『서책목록』 상 '은배시집'

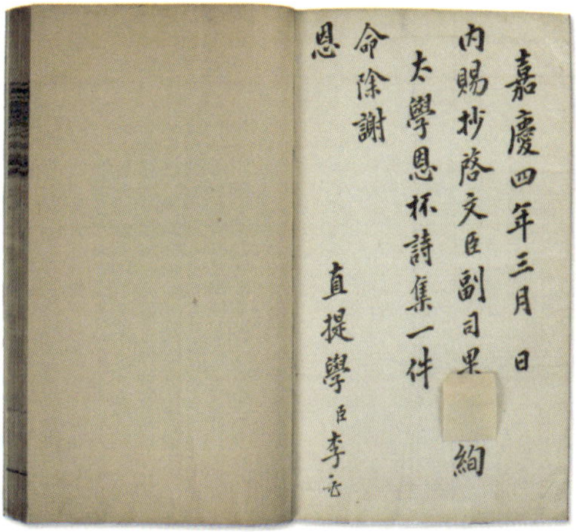

『태학은배시집』 내사기

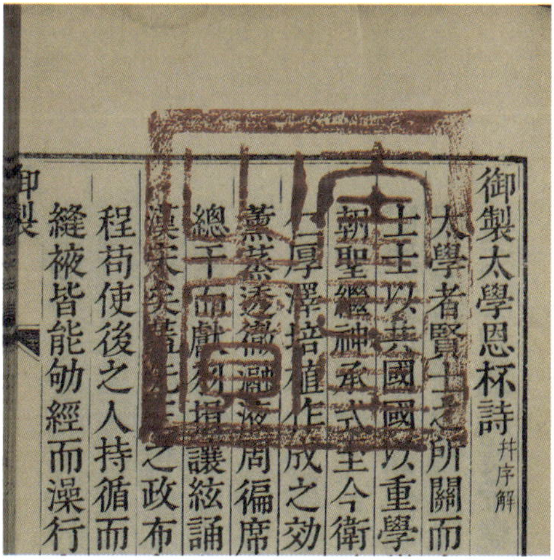

『태학은배시집』 '규장지보(奎章之寶)'

이면(裏面)에는 임금이 기관이나 신하에게 서책을 하사할 때 적는 내사기(內賜記)를 확인할 수 있다.

> 가경 4년(1799, 정조 23) 3월 일
> 초계문신 부사과 신현에게 『태학은배시집』 1건을 하사함. 사은하지 말라고 명함.
> 직제학 신 이(착명)

내사기에 따르면 1799년(정조 23) 3월, 초계문신 신현(申絢, 1764~1827)은 『태학은배시집』 1건을 하사받았다. 당시 규장각 직제학 이만수(李晚秀, 1752~1820)가 실무를 맡아 이 내용을 기록하고 서명을 남겼다. '어제태학은배시(御製太學銀杯詩)'가 수록된 첫 번째 면에는 내사본임을 입증하는 어보(御寶) '규장지보(奎章之寶)'가 붉게 찍혀 있다.

신현의 자는 수지(受之), 호는 실재(實齋)이다. 그는 1794년(정조 18) 2월 정시 문과에서 급제한 뒤, 4월에 초계문신으로 선발되었다. 초계문신 제도는 정조가 내세운 '학문을 숭상하는 정치[右文之治]'와 '인재를 기르는 교화[作人之化]'의 이념 아래, 조정의 젊은 문신들을 교육하기 위해 만든 제도였다. 정조는 재위 기간 수많은 서책을 간행하며 독서의 중요성을 강조했으며, 초계문신들은 그 과정에서 서사(書寫), 교정(校正),

감인(監印) 등의 실무를 맡았다. 『태학은배시집』 역시 그러한 학문적 분위기 속에서 태어났다. 신현을 비롯한 초계문신들은 직접 시를 지었을 뿐만 아니라, 책을 편찬하는 실무 과정에도 직접 참여했다. 신현의 일기에는 1799년 3월 22일에 『태학은배시집』의 인쇄가 완료되었으며, 그날 바로 1건 2책을 하사받았다는 기록이 남아 있다. 이러한 내사본들은 신현이 정조 대에 수행한 초계문신 시절의 학문 활동과 서적 편찬 참여를 증명하는 귀중한 자료이다.

신현의 일기에는 또 다른 흥미로운 기록이 보인다. 1814년(순조 14) 7월 30일자에는 부친 신대우(申大羽, 1735~1809)가 생전에 자손에게 남긴 당부를 적은 별지(別紙)가 첨부되어 있다. 그 내용에 따르면, 신대우는 평소 많은 책을 수집했는데, 이를 함부로 빌려주거나 아이들이 훼손하지 않도록 주의를 당부했다. 또한 신현에게는 입신양명할 방법으로 삼경(三經)의 윤송(輪誦)을 권하며, 이를 꾸준히 실천한다면 손자인 달경(達庚, 신명호)과 표임(豹壬, 신명연) 또한 자연스레 본받을 것이라 덧붙였다. 『서책목록』의 경부(經部) 가운데 '오경총의류(五經叢義類)'에 기록된 '송과(誦課)' 3책은 바로 이러한 부친의 가르침을 실천한 흔적이다. 그가 강조한 삼경, 즉 『시경(詩經)』·『서경(書經)』·『주역(周易)』을 꾸준히 읽고 익힌 결과물이다. 신대우가 유언에서조차 책의 관리와 독서를 강조했을 정도라면, 그의 집안에서는 평소에도 책을 소중히 여기고 가까이하는 분위기가 자연스럽게 형성되어 있었을 것이다.

『서책목록』의 정확한 작성 시점은 알 수 없지만, '철종(哲宗)'을 부기한 『사국제명록』이 포함되어 있는 점으로 보아 1800년대 후반에 작성된 것으로 추정된다. 이 목록은 평산신씨 후손들이 선조의 뜻을 이어 서책을 정리하고 보관하는 과정에서 만들어진 것으로, 한 가문의 학문 전통과 독서 문화가 어떻게 이어져 오늘날까지도 전해지고 있는지를 생생히 보여준다.

이은진

신대우 초상 (국립중앙박물관 소장)

신현 초상 (국립중앙박물관 소장)

10.
중용,
생명에 대한 또 다른 해석

감옥에서는 사람을 이름으로 부르지 않고 번호로 부른다. 이응노 화백이 '동백림 사건'으로 옥살이를 할 때의 일화를 어느 책에서 읽은 적이 있다. 그는 동료 수인들을 결코 번호로 부르지 않고, 반드시 그들의 이름을 풀어서 불렀다고 한다. 예컨대 '이정일'이라면 "이 씨 집안 맏아들이 고생하고 있구먼" 하는 식이었다. 흥미로운 것은, 그렇게 자신의 이름을 제대로 들은 수인의 행동이 달라졌다는 점이다. 1·2·3·4처럼 단순한 숫자에서 느낄 수 없는 관계성과 정체성을 이름을 통해 새삼 깨닫기 때문이다. '수인 몇 번'이 아니라 '이 씨 집안의 맏아들'로 불리면, 그 이름에 걸맞게 행동하게 된다. 그 존재는 중성적인 번호가 아니라, 갑자기 '누구의 아들이고, 누구의 아버지이며, 누구의 친구이자 아우'인 사람으로서 자각하게 된다. 그렇게 여러 사람의 운명과 연결된 자신을 깨닫고, 그에 걸맞은 책임감과 자존심으로 행동하게 된다는 것이다.

이름 '명(名)'은 곧 운명 '명(命)'이다. 한자의 같은 음은 대개 연상적으로 의미를 확장하기 때문에, 한국어의 '명(myeong)'과 중국어의 '밍(míng)'이 공유하는 두 의미는 서로 통한다. '생명(生命)'이란 말에서 '명(命)'은 단순히 개인의 목숨이 아니라, 유기체가 살아가는 내외부의 복합적인 관계망으로 이해할 수 있다.

이응노 화백이 동료를 이름으로 불렀던 일화처럼, 환경은 유기체의 반응을 불러일으키며, 유기체는 생존과 발달을 위해 대응적 행동을 하게 된다. 그렇다면 유기체가 보이는 이러한 대응의 성향을 무엇이라 할 수 있을까? 그것이 바로 '성(性)'이다. 나무는 불을 만나면 타는 성향(性)을 지니고, 돌은 물을 만나면 가라앉는 성향(性)을 지닌다. 다시 말해 '생명'이란 언제나 일정한 상황과 환경 속에 놓인 유기체가 그에 대응하여 적절히 행동하는 역동성을 가리킨다. 생명은 음양(陰陽)의 변화 속에서 끊임없이 균형을 찾아가며 성장하는 과정인 것이다.

> 공자가 말했다.
> 운명(命)을 알지 못하면 군자가 될 수 없고,
> 예(禮)를 알지 못하면 처신하지 못할 것이다.
> 말(言)을 알지 못하면 타인을 이해하지 못할 것이다.
> – 『논어』, 「요왈(堯曰)」 중

『논어』에서 명(命)이라는 개념이 자주 등장하는 것은 아니지만, 명이 군자로서 도야하기 위한 필수적 디딤돌로 이해된다. 즉 인간이 처한 환경과 상황을 인식함으로써 군자로 성숙해 가는 역동적 관계가 다시 확인되는 대목이다. 여기서 무이(無以) 구문은 무이지(無以之)로 이해하는 것이 타당하다. '지(之)'는 대명사로서 각각 명(命)·예(禮)·언(言)을 가리킨다. 이는 곧 군자가 되거나[爲君子], 사회 속에 설 수 있거나[立], 타인을 알 수 있으려면[知人] 반드시 그것들(명·예·언)을 매개로 삼아야 한다[以之]는 의미다. 다시 말해, 공자는 군자란 주어진 상황과 관계망을 인식하고 그것을 바탕으로 행위하는 존재임을 강조한 것이다.

> 공자가 말했다. "자공은 명(命)을 받아들이지 않고, 스스로 재산을 증식했다. 그는 과감히 일을 처리하여 종종 성공했다."
>
> – 『논어』, 「선진(先進)」 중

『논어』의 다른 곳에서도 공자는 제자 자공(子貢, 기원전 520~456)을 언급하면서 명이라는 개념을 사용한다. 자공은 공자의 수제자 중 한 사람으로, 언변이 뛰어나고 재력이 풍부하여 노나라와 위나라 등에서 재상을 지낸 인물이다. 『논어』 「선진」 편에서 공자는 자공이 재산을 증식한 이유를 설명하면서, '불수명(不受命)'이라 표현한다. 즉, 그는 "상황을 받아들이지 않았다"는 의미로 언급된다. 이에 대해 량보춘은 불수명을 "상인들은 대개 국가의 통제 아래서만 장사할 수 있었기 때문에, 자공이 '국가의 명령을 받지 않고' 장사했다"는 뜻으로 해석했다. 그러나 자공은 실제로 여러 나라의 관직을 역임한 동시에 탁월한 상인이었으므로, 단순히 국가의 명령을 거부한 것으로 이해하기는 어렵다. 이에 대해 정이천(程伊川)은 "자공이 아직 미숙했던 시절, 돈을 벌었다는 일화에 불과하다"고 하여 크게 문제삼지 않았지만, 이 또한 타당한 해석이라 보긴 어렵다.

도올 김용옥은 이 구절을 "천운을 타고나지 않았는데도"라고 번역했다. 표현상 차이는 있지만, 명을 '천운' 혹은 '상황적 조건'으로 이해한다는 점에서는 동일하다. 아서 웨일리와 로저 에임즈는 명을 "one's lot(자신의 몫, 처해 있는 상황)"으로 해석한다. 즉 자공은 주어진 환경에 만족하지 않고 그것을 극복함으로써 재산을 증식한 인물로 그려진다.

명(命)과 성(性)의 역동적 성격을 가장 잘 표현한 유가 고전의 구절은 아마 『중용』의 첫 구절일 것이다.

> 하늘이 규정한 것을 성(性)이라 하고, 그 성을 따르

> 는 것을 도(道)라 하며, 그 도를 닦는 것을 교(敎)라 한다.

이 구절을 인과적으로 해석한다면, 하늘이 규정한 보편적 정언(定言)이 인간에게 주어진 본성(性)이라고 볼 수 있다. 이 경우 하늘의 명(命)은 결정론적 의미를 지니며, 인간의 본성은 주어진 것을 그대로 따르는 복종의 의미로 이해된다. 그러나 이를 상관적으로 이해하면 의미가 달라진다. 결정론과 자유의지의 문제가 아니라, 자신에게 주어진 환경을 인식하고, 그것을 활용하여 삶의 예술을 도야하는 과정을 말하는 것으로 볼 수 있다. 그런 의미에서 다음과 같은 보르헤스(Jorge Luis Borges)의 말에 공감하게 된다.

> 작가—그리고 나는 일반적으로 모든 사람이 그러하다고 믿는다—는 자신에게 일어나는 모든 일이 자원이 된다고 생각해야 한다. 모든 것은 목적을 위해 우리에게 주어졌으며, 예술가는 이를 더욱 강렬하게 느껴야 한다. 우리에게 일어나는 모든 일, 굴욕과 불행, 당혹스러운 순간들까지 모두 원재료로서, 흙덩이로서 우리에게 주어진 것이다. 우리가 예술을 빚어내기 위함이다.

『중용』의 문장들이 언제 완성된 것인지는 확정하기 어렵다. 그러나 분명한 것은, 인간과 사회에만 관심을 두던 초기 유가(儒家)의 사유가 자사(子思)의 학파를 거치며, 다시 맹자(孟子)에 이르러 도가적(道家的) 우주론을 포괄하려는 과정 속에서 형성된 철학서라는 점이다. 『중용』은 바로 이러한 우주–인간–사회를 통합하려는 사상적 고투의 결과물이다. 여기서 천명(天命)의 개념은 모든 것을 상대화하는 하늘의 부여된 조건을 뜻한다. 그것은 인간 혹은 인간 집단에게 정당성을 부여하기도 하고, 그에 합당하게 대응하지 못할 때는 이를 거두어 가기도 하는 존재다. 그러나 천(天)은 유일신처럼 초월적 실체로 존재하는 것이 아니라, 인간 관계의 과정 속에서 내재화된다. 이러한 관점에서 보면, 『중용』은 동시대의 묵자(墨子)가 주장한 인격신적 천지(天志) 개념에 대한 자사학파의 응답으로 볼 수 있다. 유가의 사유는 하늘의 인격성과 결정론적 의미를 탈색시키고, 오히려 인간이 하늘의 경지에 이르기까지 스스로 수양하고 성장할 가능성에 주목했다.

이때 새롭게 부각되는 개념이 바로 성(性)이다. 많은 고대 문헌에서 '성(性)'은 '생(生: 살다, 태어나다, 자라다)'과 교환 가능한 개념으로 사용되었다. 『중용』 제1장의 문장은 주어진 환경에 적절히 대응하며 인간의 삶의 가능성을 극대화하는 방법, 그리고 그것을 이끌어가는 도(道)와 교(敎)의 구조를 보여준다.

따라서 성명(性命) 관계를 서구적 시간 개념에 따라 nature/nurture의 이분법으로 오독해서는 안 된다. 도올 김용옥은 『중용』 첫 장의 '천명지위성(天命之謂性)'을 해석하면서, 고대 중국어에는 시제가 명확히 규정되어 있지 않다는 점을 상기시킨다. 그는 이를 "'하늘이 명해 버린 것'이라는 과거형(완료형)으로 번역해서는 안 된다"고 말한다. 성(性)은 어떤 시점에서 이미 완결된 실체가 아니라, 인생의 전 과정에 걸쳐 끊임없이 창조되고 갱신되는 '생성(becoming)'의 과정이라는 것이다. 이는 『중용』의 철학이 가진 핵심 통찰을 정확히 짚어낸 해석이다.

장원석

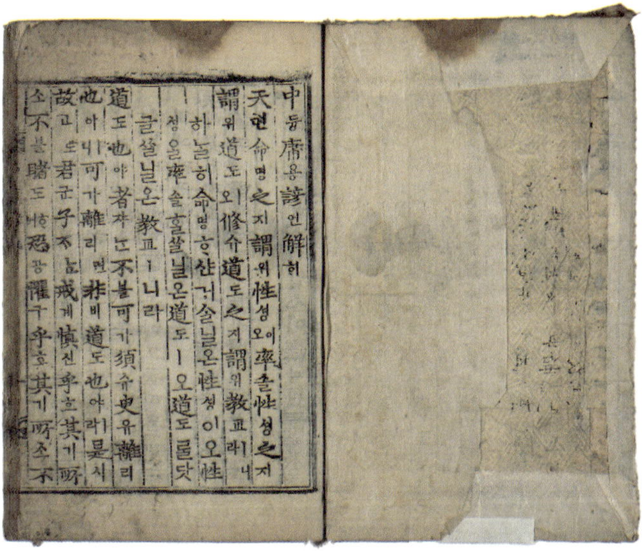

『중용언해』(해남 율동 해남윤씨 전적, 한국학중앙연구원 장서각 소장)

2부
탄생의 여건

제도와 관습,
삶의 틀이 된 문서들

1.
주역,
생명의 리듬을 읽다

생명의 탄생은 남과 여, 음과 양의 결합으로 이루어진다는 생각은 평범한 사람들에게 상식처럼 들린다. 부모 없는 자식이 어디 있단 말인가. 『주역(周易)』은 이러한 상식을 다양한 변주를 통해 노래하고, 다시 확장하며 확인한다. 천지(天地), 건곤(乾坤), 남녀(男女), 강유(剛柔), 한서(寒暑), 개폐(開閉), 동정(動靜), 도기(道器), 진퇴(進退), 유명(幽明), 대시(大始)와 성물(成物). 『주역』은 이처럼 상관적 사유의 저수지로서 동아시아 전통의 가장 중요한 텍스트 중 하나가 되었다.

한국 전통에서 환웅과 웅녀, 박혁거세와 알영, 해모수와 유화의 결합 이야기를 떠올려보자. 여러 차이가 있는 〈단군신화〉, 〈박혁거세 신화〉, 〈고주몽 신화〉의 세부 전개에도 불구하고, 공동체 혹은 그 지도자의 탄생이 남녀의 결합과 성혼을 통해 가능했다는 점에서는 하나같다. 생명의 상식을 웅변하고 있는 것이다.

그렇다면 다른 문명의 서사에서도 이러한 '남녀

의 결합이 생명의 근원'이라는 상식이 통할까? 기원전 12세기 바빌로니아의 창세 신화 〈에누마 엘리쉬(Enūma Eliš)〉에서 세계의 탄생은 남녀의 성혼이 아니라, 남성 신 마르둑의 언어 능력으로 이루어진다. 그는 땅의 여신 티아맛을 살해하고, 그 폭력을 자랑하며, 말로써 사물을 창조하고 파괴하는 무용을 과시하고 동료들의 인정을 받는다. 유대-기독교의 〈창세기〉에서도 남성 신은 자신의 말(Logos)로 세계를 탄생시킨다. 창조는 절대자의 이성적 계산과 장인적 기술로 이루어진 것이다.

그리스의 전쟁 여신 아테나는 어머니 없이 아버지 제우스의 머리에서 태어난다. 플라톤의 우주 창조주 데미우르고스는 우주의 설계자이며, 기독교의 신 야훼는 우주의 형상과 질료를 모두 창조했지만, 이 과정에 여성은 필요하지 않았다. 평범한 인간은 남녀의 만남으로 태어나지만, 구세주는 성령으로 잉태한다. 보통의 여인은 여자가 낳지만, 아테나는 제우스의 머리에서 태어난다. 사물은 감각으로 인지할 수 있지만, 이데아는 오직 이성으로만 인지할 수 있다. 보통의 나라는 인종, 지정학적 위치, 종교 전통으로 규정되지만, 미국은 이성으로 태어났다고 말한다. 2021년 바이든 대통령이 "다른 모든 나라는 인종, 지리, 종교로 정의되지만, 미국은 하나의 '이념'으로 태어났다"라고 한 말이 이를 잘 드러낸다.

이처럼 서구 문명과 동아시아 문명의 대조는 지난 한 세기 동안 수많은 비교철학자, 역사학자, 심리학자들이 주목해 온 주제다. 특히 탕쥔이(唐君毅), 황둥메이(方東美), 앵거스 그레이엄(Angus Graham), 조지프 니덤(Joseph Needham), 로저 에임스(Roger Ames)와 데이비드 홀(David Hall)은 동아시아 전통의 핵심을 '상관적 사유'로 밝히며 비교문화적 통찰을 보여주었다.

음양(陰陽)이라는 사유 형태가 중국 한나라 때 보편화되어, 모든 사물을 이 범주로 분류했다는 주장이 있다. 음양이 개념적 '범주'인지, 아니면 근원의 '메타포'인지를 따지지 않더라도, 필자는 기원전 12세기 고대 문명에서부터 천명을 읽는 점복의 기술, 민중의 축제, 달력의 발달, 개인적·집단적 습관과 풍속 속에서 상관적 사유가 축적되었고, 이러한 반복과 반추를 통해 사상이 형성되었다는 견해에 가깝다. 마르셀 그라네(Marcel Granet)의 선구적 『시경(詩經)』 연구와 데이비드 키틀리(David Keightley)의 상대 후기 갑골문 연구는, 이미 고대에 이러한 사고와 행위의 형태가 성숙해 있었음을 뒷받침한다.

그렇다면 이렇게 축적된 문명적 차이가 오늘날 우리의 사고방식과 행동에 어떤 영향을 미치고 있을까? 철학자들은 음양이라는 상징 속에서 상관적 사유와 추상적 사유, 과정적 실재관과 실체적 실재관, 몸의 인식론과 감각의 인식론을 탐구할 가치를 발견한다. 그리고 이 차이의 수렴과 확산, 변형과 통합이 인간·사회·역사·문명의 현재와 미래에 어떤 귀결을 가져올지를 주목한다.

장서각은 조선 왕실뿐 아니라 사대부 가문에서 소장된 다양한 문헌 가운데 『주역』과 관련된 텍스트를 다수 보유하고 있다. 조선 유학을 지배한 주자학은 『주역』을 가장 중요한 경전으로 여겼다. 이 가운데에는 동아시아의 생명과 탄생[生生] 문화를 연구하고, 그 한국적 전개를 살필 중요한 자료들이 포함되어 있다. 명나라 호광(胡廣)이 편찬한 『주역전의대전(周易傳義大全)』은 세종 때 간행된 판본으로, 정이천(程伊川)의 『이천역전(伊川易傳)』과 주희(朱熹)의 『주역본의(周易本義)』를 함께 수록한다. 이는 조선 유학자들에게 널리 읽힌 판본으로, 그들의 『주역』 이해 틀과 지식 사회학을 보여주는 대표적 자료라 하겠다.

또한 『주역』을 상수(象數)와 의리(義理)의 관점에서 해석한 조선 유학자들의 저술, 19세기 말 최한기의 새로운 문명 비전, 신종교의 계시적 문헌과 결합한 『주역』, 시(詩)와 예악(禮樂) 관련 텍스트에 나타난 남녀 짝짓기와 결혼 예식의 구조, 월령(月令) 계통 문헌 속 세시 풍속과 생활 습관, 시공간 인식과 『주역』의 관계 등은 연구의 중요한 주제다. "왜 동지(冬至)에 궁궐 대문을 닫는가?"라는 질문에 『주역』을 근거로 논리를 전개한 생원 임영(林泳)의 시권(1671)처럼, 발굴과 연구를 기다리는 자료도 많다.

여기에서는 『주역』 〈계사(繫辭)〉의 텍스트 중, 상관적 사유와 관련된 부분을 발췌하여 살펴본다.

① 유동하는 세계

상관적 사유는 인간의 체험이 언제나 유동하고 변화하는 것으로 전제한다. 세상은 멈추어 있는 실체가 아니라 끊임없이 변전하는 과정으로 이해된다. 이러한 관점은 변화를 초월하여 '불변의 존재(Being)'를 추구해 온 서구 형이상학(meta-physics) 전통의 지적 작업과 뚜렷하게 대조된다.

> 『주역』이라는 책은 멀리할 수 없다. 그 길이 계속 변천한다. 변동이 머물러있지 않고, 상하좌우로 흘러간다. 아래와 위가 정해져 있지 않으며, 강함과 부드러움이 서로 뒤바뀌니 일정한 규칙을 만들 수 없다.
> - 『주역』, 「하전」

> 『주역』에 따르면, 궁극에 이르면 변하고, 변하면 통하며, 통하면 오래 지속된다. - 『주역』, 「하전」

② 변화의 두 양태와 생명의 탄생

상관적 사유에는 상호 의존하는 두 양태가 나타나며, 이들의 상호 관계와 연관에 따라 변화, 즉 새로운 생명과 상황이 탄생한다.

> 하늘은 존귀하고 땅은 비천하니 건곤이 정해진다. 비천함과 고상함이 나뉘어 귀천이 자리 잡는다. 움직임과 정지가 지속되니 강유가 나뉜다. 비슷한 것은 종류에 따라 모이고, 짐승과 사물은 집단에 따라 나뉘니, 여기서 길흉이 생겨난다. 하늘에서는 상(象)이 되고 땅에서는 형(形)이 되니, 변화가 드러난다.
> – 『주역』, 「상전」

> 추위와 더위가 번갈아 드니, 하늘의 길은 남성이 되고 땅의 길은 여성이 된다. – 『주역』, 「계사전」 상

> 음과 양이 번갈아듦을 도(道)라 하고, 낳고 또 낳음을 변화라 한다. – 『주역』, 「계사전」 상

③ 인간의 역할과 활쏘기의 비유

상관적 사유는 '이것에서 저것으로', '뿌리에서 가지로', '근원 메타포에서 목표 메타포'로 확장해 나간다. 성인 혹은 군자는 이러한 과정을 매개하는 창조자

이다. 그는 세계를 관찰하고, 체화한 것을 상징과 물질로 구현하며, 그 과정의 성취는 때에 들어맞음[時]과 목표에 적중함[中]으로 표현된다. 『주역』에서 이를 묘사한 비유 가운데 하나가 바로 군자의 활쏘기이다. 이는 비결정적인 상황 속에서 자아와 환경의 조화를 이루어, '때에 맞춰 정곡을 찌르는' 확률적 사유 과정, 즉 상관적 사고를 표현하는 비유이다.

> 옛날 복희씨가 천하를 다스릴 때 하늘을 올려보아 그 상(象)을 보고, 땅을 굽어 법(法)을 보았다. 새와 동물의 무늬, 그리고 사물이 땅의 맞는 이치를 살폈다. 가까이는 몸에서 취하고, 멀리는 여러 사물에서 취하여 마침내 팔괘를 만들었다. – 『주역』, 「하전」

> 『주역』은 말한다. "그는 높은 담 위에서 활을 쏘아 매를 맞히니, 사냥감을 얻어 불리한 바가 없다." 공자가 말한다. "매는 금수이며, 활과 화살은 도구이고, 쏘는 이는 사람이다. 군자는 몸에 도구를 감추고 때를 기다리다 움직이니, 어찌 불리함이 있겠는가? 서슴없이 움직이므로 나아가면 반드시 사냥감을 잡는다. 이는 준비하고 움직이는 것을 말한 것이다."
> – 『주역』, 「하전」

④ 사유의 모험과 신생 철학, 그리고 신비로움

상관적 사유는 감각으로 주어진 대상을 인지하는, 즉 '있는 것'을 인식하는 경험적 인식과정과도 다르고, 자명한 공리에서 연역하여 '있어야 하는 것'을 인식하는 연역적 인식과정과도 다르다. 그것은 과거로부터 축적된 현재의 미세한 가능성을 탐구하여, 이를 바탕으로 미래로 투사하고 실현하는 사유이자 실천적 사유의 모험이다. 다시 말해 '있을 수 있는 것'을 실현하는 과정으로 규정할 수 있다. 사유의 모험에는 현재의 연장으로서의 미래를 넘어서는, 예측 불가능한 새로움이 등장한다. 따라서 그 속에는 언제나 열려 있는 미래의 불확정성(神)의 요소가 포함된다. 『주역』은 이를 성인 혹은 군자가 조짐을 보고 미래를 말하는 행위로, 혹은 정치가가 자원을 적절히 활용하여 감정으로 일체화된 대중 공동체를 진흥시키는 사업으로 표현한다. 『주역』에서 말하는 신비로움(神)은 절대적 타자에 대한 의존 경험이 아니라, 과정의 무한함과 열린 미래를 뜻한다.

> 하늘과 땅의 큰 덕은 낳음에 있고, 성인의 큰 보물은 자리를 얻음에 있다. - 『주역』, 「하전」

> 형태를 넘어선 것을 도(道)라 하고, 형태 아래 있는 것을 기(器)라 한다. 변화시켜 상황에 맞게 재단함

을 변(變)이라 하고, 밀어 나아가도록 함을 통(通)이라 한다. 이것을 들어 세상 사람들에게 적용함을 사업(事業)이라 한다. - 『주역』, 「하전」

신비로운 힘은 일정한 방향이 없고, 변화는 고정된 실체가 없다. - 『주역』, 「상전」

음과 양으로 헤아릴 수 없는 것이 신비로움이다.
- 『주역』, 「상전」

변화에는 의도도, 억지스러움도 없다. 고요히 움직이지 않다가 느낌이 통하면 이내 천하의 일들을 소통시키는 원인이 된다. 이것이 천하의 지극한 신비로움이 아니라면, 누가 이에 견줄 수 있겠는가? - 『주역』, 「상전」

장원석

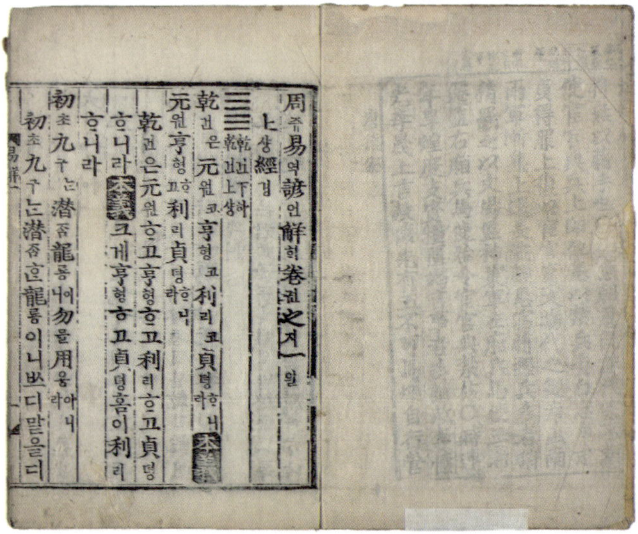

『주역언해(쥬역언히, 周易諺解)』

2.

토지 매매문서,
양반의 손발이 된 노비

조선시대 양반은 성리학적 소양을 갖추고 과거를 통해 관료로 진출하거나, 지역 엘리트로서 사회활동을 전개했다. 그들의 주요 활동은 성리학적 가치 함양을 위한 교육과 교유, 그리고 이념을 실현하기 위한 향약이나 동계의 조직 운영 등이었다. 그러나 이러한 이상적 활동과 달리, 현실에서는 세속적 이해관계를 둘러싸고 지역의 권력을 다투거나 토지와 노비를 매득(買得)하여 경제력을 확장하기도 했다. 그리고 이 모든 활동의 뒤에는 언제나 노비가 있었다.

노비는 양반의 외부 활동을 거의 전적으로 대신했다. 상(喪)을 당했을 때 슬픔을 표현하는 곡(哭)조차도 노비가 맡았고, 이 일을 위해 곡비(哭婢)를 따로 길러두기도 했다. 관청의 업무나 각종 경제활동 역시 노비가 수행했다. 특히 수노비나 차노비처럼 신임을 받는 노비가 이를 담당했는데, 이는 상전에게 닥칠 수 있는 번거로움이나 불미스러운 일을 미리 막고 품위를 지키기 위함이었다. 이런 점에서 노비는 문자 그대로 양반의 손발이었다.

양반의 경제활동 가운데 핵심은 토지와 노비의 매매였다. 17세기 전라도 해남현에서 이루어진 한 토지 매매 위임문서(牌子)와 매매명문은 노비가 상전의 대리인으로서 활동하던 실상을 생생히 보여 준다. 먼저 패자이다.

> 이산 댁에서 찾고 있다. 죽은 남자 종 의호가 가지고 있던 바닷가 근처 텃밭을 팔라고 하신다. … 만에 하나라도 네가 나를 속이거나 잘못 팔게 되면 큰 벌을 받을 줄 알아라.

이는 병자년, 즉 1696년(숙종 22)에 작성된 것으로, 성명 미상의 양반이 자신의 노비 '출생'에게 써준 매매 위임장이다. 상전은 이산 댁으로부터 매매 문의를 받고, 매매 대상이 이미 사망한 자신의 종이 소유했던 갯가의 텃밭임을 확인했다. 당시 정부는 개간을 장려했으며, 자식 없이 죽은 노비의 재산은 『경국대전』 규정에 따라 상전이 소유할 수 있었다. 문서의 말미에는 매매 협상과 대금 납입을 성실히 수행할 것을 명하고, 속이거나 잘못 처리할 경우 엄벌에 처하겠다는 경고가 적혀 있다. 작성일은 12월 2일이다.

이듬해인 1697년(숙종 23) 2월 12일, 노 출생은 위임 받은 대로 상전의 명을 수행했다. 그는 윤진사 댁의 노비 일복과 협상하여 다음과 같은 매매명문을 완성했다.

> 출생은 상전님 패자에 따라 현의 현산면 백야지 당산원에 있는 … 값을 정조로 닷 섬 닷 말로 맞바꾸어 수대로 받는다. 그리고 노 일복의 상전 댁에게 패자와 함께 아주 팔아버린다. … 쓸데없이 지껄이거든 이 문서로 관에 아뢰어 옳고 그름을 가릴 일이다.

출생이 '이산 댁'이 아닌 '윤진사 댁'과 거래를 한 데에는 이유가 있다. 이 문서는 전라도 해남의 해남윤씨 종가에 전해 내려오는데, 윤이석(1626~1694)이 생전에 이산현감을 지내며 지역에서 '이산 댁'으로 불렸기 때문이다. 윤이석이 1694년에 사망한 뒤, 아들 윤두서(1668~1715)가 가업을 이었고, 그가 진사시에 합격한 1693년 이후부터는 '진사 댁'이라 불리게 되었다. 즉, 매매 시점에는 같은 가문이 여전히 '이산 댁'으로 통하던 과도기였던 것이다.

매매명문에서 토지를 파는 주체는 노 출생이었다. 그는 해남현 당산원 들판의 보리밭이 양안에 두 필지로 나뉘어 있으며, 면적은 약 303m²(약 91평)임을 명시했다. 매매가는 당시 통용 화폐인 탈곡 쌀로 약 95kg에 해당했다. 출생은 상전의 위임장을 함께 건네주어, 이 거래에 관여할 가능성이 있는 상전 댁이나 노 의호 가족과의 분쟁을 사전에 차단하고자 했다.

매매 협상과 문서 작성은 모두 양반을 대신한 두 노비인 출생과 일복이 주도했다. 이는 문자교육을 받은 수노비를 엄격히 선발하고 통제하여 양반의 '수족'으로 훈련시킨 결과였다. 매매의 증인 또한 양반가의 노비들이었는데, 팔고 사는 양반댁의 반노 생이와 이학이 참여했다. 다만 문서 작성은 '산인(山人)', 즉 지식을 갖춘 승려가 맡아 두 양반의 이해관계 밖에서 중립적으로 처리했다.

결국 1697년 2월 해남에서 이루어진 이 매매의 실질적 주체는 진사 윤두서였다. 그는 같은 지역의 양반에게 토지 거래를 제안했고, 상대방은 자신의 노비 땅임을 확인한 뒤 수노비 출생에게 위임했다. 윤두서 역시 자신의 수노비 일복에게 매매를 맡겼다. 이처럼 17세기 양반은 경제활동의 복잡한 협상과 문서 절차를 신뢰할 만한 노비에게 위임하여, 효율을 높이고 품위를 유지했다.

정수환

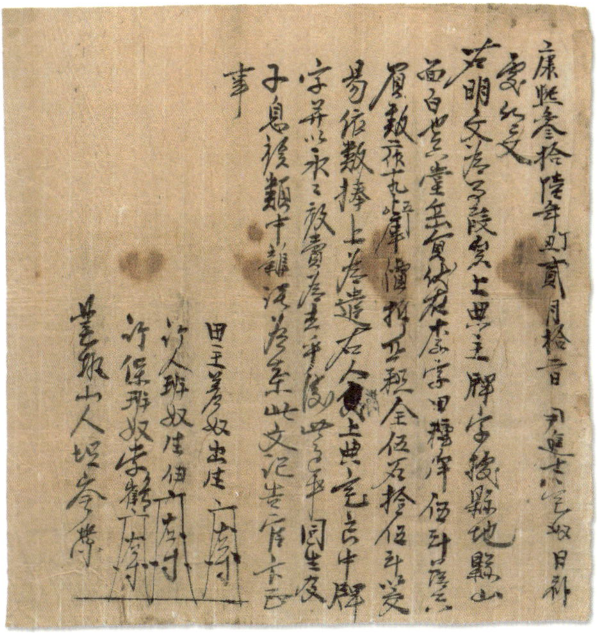

남자 종 출생이에게
이산 댁에서 찾고 있다. 죽은 남자 종 의호가 가지고 있던 바닷가 근처 텃밭을 팔라고 하신다. 나도 있는 것은 예전에 들어 알고 있다. 날짜에 맞춰 팔겠다고 마음먹지 말고 많은 값으로 팔아서 바치거라.
이렇게 지시한 뒤에 만에 하나라도 네가 나를 속이거나 잘못 팔게 되면 큰 벌을 받을 줄 알아라.
상전이 쓴다.
1696년 12월 2일이다.

토지매매 위임문서인 패자(牌子)와 그 내용

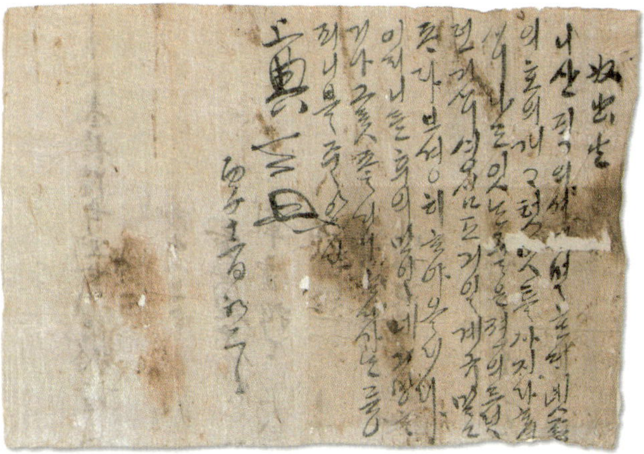

1697년(숙종 23) 정축년 2월 2일 윤진사 댁의 남자 종 일복에게 작성하는 명문이다.
이 문서는 매매하는 것이다. 나 출생은 상전님 패자에 따라 현의 현산면 백야지 당산원에 있는 이자 지번의 보리 다섯 말을 뿌릴 수 있는 양안에 2곳이 합해 수확량이 19짐 5속인 밭을 판다.
그 값은 정조로 닷 섬 닷 말로 맞바꾸어 숫자대로 받는다. 그리고 노 일복의 상전 댁에게 패자와 함께 아주 팔아버린다.
그러므로 이 뒤에라도 내 동생과 자식, 그리고 인척 중에 이 매매와 관련해서 쓸데없이 지껄이거든 이 문서로 관에 아뢰어 옳고 그름을 바로잡을 일이다.
밭의 주인 차노출생이. [왼손가락 모양]
증인은 양반집 노 생이. [왼손가락 모양]
증인 보증은 양반집 노 이학이. [왼손가락 모양]
문서를 쓴 사람은 중 탄잠이다. [서명]

토지 매매명문과 그 내용

3.
돈녕보첩, 왕실의 가계도를 그리다

조선시대에 왕의 친인척을 관리하는 일은 매우 중요한 국가 업무였다. 이를 위해 조정에서는 전담 관청을 설치했는데, 왕의 친족을 관리하는 종친부, 왕과 왕세자의 사위를 담당하는 의빈부, 그리고 그 밖의 친인척을 관리하는 돈녕부가 그것이다. 왕의 친인척을 제대로 예우하려면, 관련 인물의 명단을 확보하고 필요할 때마다 수정·보완하는 일이 필수적이었다. 이를 위해 돈녕부에서는 왕과 왕비의 친족을 몇 년에 한 번씩 조사하여 별도의 책으로 만들어 비치했는데, 그것이 바로 『돈녕보첩』이다.

조선 전기에 편찬된 『돈녕보첩』은 임진왜란 때 모두 소실되어 현재는 확인할 수 없다. 이후 인조 대에 다시 만들자는 의견이 제기되어 효종 때부터 재작성되기 시작했다. 『돈녕보첩』은 대왕편과 왕후편으로 나누어 각각 별도의 책으로 작성했으며, 보통 3년에 한 번씩 쥐띠·토끼띠·말띠·닭띠 해에 해당하는 식년(式年)에 제작하는 것이 관례였다. 다만 예외적으로 1649년(효종 즉위년, 기축년)과 1652년(효종 3, 임진년)처럼 간지가 달라도 편찬된 사례가 확인된다. 『돈녕보첩』은 이후 조선 말까지 꾸준히 작성되어 관리되었다.

『돈녕보첩』 편찬은 친인척으로부터 정보를 수집하는 일로부터 시작된다. 각 가문에서는 가계 구성원을 적어 제출했는데, 이를 '돈녕단자(敦寧單子)'라 한다. 돈녕단자는 대왕의 자손과 왕비의 친인척을 모두 기재하는 문서로, 자격이 있는 집안이라면 누구나 제출할 수 있었다. 아들의 자손뿐 아니라 여계(女系) 자손까지 포함되었으며, 외손녀의 자손 즉 외외손(外外孫)도 일정 촌수 안이면 모두 기록했다.

> 돈녕단자식(敦寧單子式)[첩으로 만든다(作帖).○첩의 첫 번째 장의 첫 번째 행에 글자를 낮추어 '돈녕단자(敦寧單子)'라고 적는다.○대수(代數)는 촌수(寸數)에 의하여 작성하고, 촌내(寸內)라면 비록 외외손(外外孫)이라도 모두 적는다.○형제파(兄弟派) 및 외방(外方)은 선원록세계단자식(璿源錄世系單子式)과 동일하다.]
>
> 대왕(大王)
>
> 第幾男名某君[딸은 '第幾女某公主下嫁某尉姓名' 혹은

‘第幾女某翁主下嫁某尉姓名’이라고 칭한다.]

子名某君[다음에 나오는 것도 이를 따른다. 공주와 옹주의 아들은 ‘모직(某職)’을 쓴다.○딸은 ‘여(女)’에 이어 그 남편의 성명과 ‘모직(某職)’을 쓰고, 다음 행에 1글자 낮추어 字名某職을 적는다. 다음에 나오는 것도 이를 따른다.]

年號幾年某月 日某職姓名[家長]署名

대후모씨(大后某氏)

考名某職府院君

子名某職[다음에 나오는 것도 이를 따른다.○딸, 외손 및 연호는 위와 동일하다.]

제출된 단자는 첩의 첫 번째 장에 ‘돈녕단자(敦寧單字)’로 적고, 본인의 가계가 대왕의 몇 번째 자녀의 계통에 속하는지를 밝히며 작성했다. 왕자의 경우 이름과 봉군명을 함께 쓰고, 공주나 옹주는 하가(下嫁)한 남편의 작호와 이름을 함께 적었다. 가계가 넓어지면 형제의 계통을 기록하는데, 이때는 『선원록세계단자식(璿源錄世系單子式)』과 동일한 형식을 따랐다. 여러 형제의 파는 함께 적되, 형파(兄派)와 아우파(弟派)를 소목(昭穆)에 맞추어 항렬 순으로 기록했다. 이렇게 작성된 단자는 지방관의 확인을 받아 연호와 함께 답인(踏印)하고, 지방관의 직함, 이름, 서명을 모두 적었다. 이어 삼향소(三鄕所)의 좌수 1인, 별감 2인, 그리고 보(保)와 문장(門長)의 직함, 이름, 서명을 모두 순서대로 적어 제출했다.

선원록세계단자식(璿源錄世系單子式)[첩으로 만든다(作帖).○첩의 첫 번째 장의 첫 번째 행에 글자를 낮추어 '선원록세계단자(璿源錄世系單子)'라고 적는다.○내외손(內外孫)은 대 수에 한하지 말고 모두 적는다.○중형제파(衆兄弟派)는 합록(合錄)하는데, 먼저 형파(兄派)를 적고, 뒤에 이어 아우파(弟派)를 적는다. 그 소목(昭穆)에 따라 행을 맞추어 적는다.○바깥쪽에는 연호(年號)에 답인(踏印)하고, 월(月) 일(日) 아래에 지방관(地方官)의 구함(具銜)·성(姓)·서명(署名)을 적는다.[사이 간격을 둔다.] 삼향소(三鄕所)의 성명(姓名)·서명(署名)을 연달아 이어 적고, 향소(鄕所) 우측에 한명의 보(保) 구함(具銜)·성명(姓名)·서명(署名)과 문장(門長)의 이름(名)·서명(署名)을 열서(列書)한다.]

대왕(大王)

第幾男名某大君[혹은 '某君'이라고 쓴다.]

第幾子名某君[다음에 나오는 것도 이를 따른다.]

年號幾年某月　日某君[家長○대 수가 다하면 문장(門長)충의위(忠義衛), 서파(庶派)인 경우에는 족친위(族親衛)를 쓴다.]이름(名)·서명(署名)

이 단자들을 모아 순서대로 정리한 것이 『돈녕보첩』이다. 원고지와 비슷한 격자 모양의 종이에 붓으로 한 자 한 자 정성껏 써서 필사본으로 총 2부를 제작했다. 맨 첫 줄에는 '태조강헌대왕(太祖康獻大王)', '태종공정대왕(太宗恭定大王)'처럼 대왕의 묘호와 시호를 적었다. 그 아래 줄에는 대왕의 아들인지 딸인지를 '남(男)' 혹은 '여(女)'로 구분해 적고, 아들이면 이름과 관직을, 딸이면 남편의 이름과 관직을 기록했다. 손자녀의 경우는 대왕보다 두 줄 낮추어 적었는데, 태어난 순서대로 배열하지는 않았다. 기록 범위는 대군·군의 자손은 9대손까지, 공주·옹주의 자손은 6대손까지였다. 왕비의 가계에서는 왕비를 기준으로 부계 쪽은 위로 4대(고조부까지), 아래로는 4대(현손까지)를 수록했다. 여성 친척 등 이성(異姓) 가계는 위로 3대, 아래로 3대까지만 기록했다.

완성된 『돈녕보첩』 2부 중 1부는 돈녕부에 두어 언제든 열람할 수 있도록 하고, 다른 1부는 혹시 모를 훼손에 대비해 안전한 곳에 따로 보관했다. 그 보관처가 바로 북한산성 행궁이다. 행궁은 인가와 떨어져 있어 화재나 전란의 피해를 피할 수 있는 장점이 있었다. 그러나 상주 인원이 없었기 때문에 여름철 장마로 인한 수해 위험이 컸다. 종이는 불뿐 아니라 물에도 약해 한 번 젖으면 훼손되거나 곰팡이가 생겨 쉽게 부식되었다. 이에 돈녕부에서는 해마다 봄·가을이면 사람을 보내 행궁의 건물 상태를 점검하고, 『돈녕보첩』이 습기나 벌레 피해를 입지 않았는지 확인했다. 보관처가 손상되면 행궁 내 다른 전각으로 옮기기도 했으며, 맑은 날 그늘에서 한 장씩 펼쳐 상태를 살폈을 것으로 짐작된다.

이렇게 북한산성 행궁에 보관되던 『돈녕보첩』은 1909년 궁내부 규장각 도서과에서 행궁 내 자료 일체를 조사할 때 작성한 『북한책목록』을 통해 그 존재가 확인된다. 『북한책목록』은 현재 서울대학교 규장각한국학연구원에 소장되어 있으며, 돈녕부 소장본과 함께 행궁에 있던 『돈녕보첩』은 봉모당 보각을 거쳐 한국학중앙연구원 장서각으로 이관되어 지금까지 안전하게 보존되고 있다.

이혜정

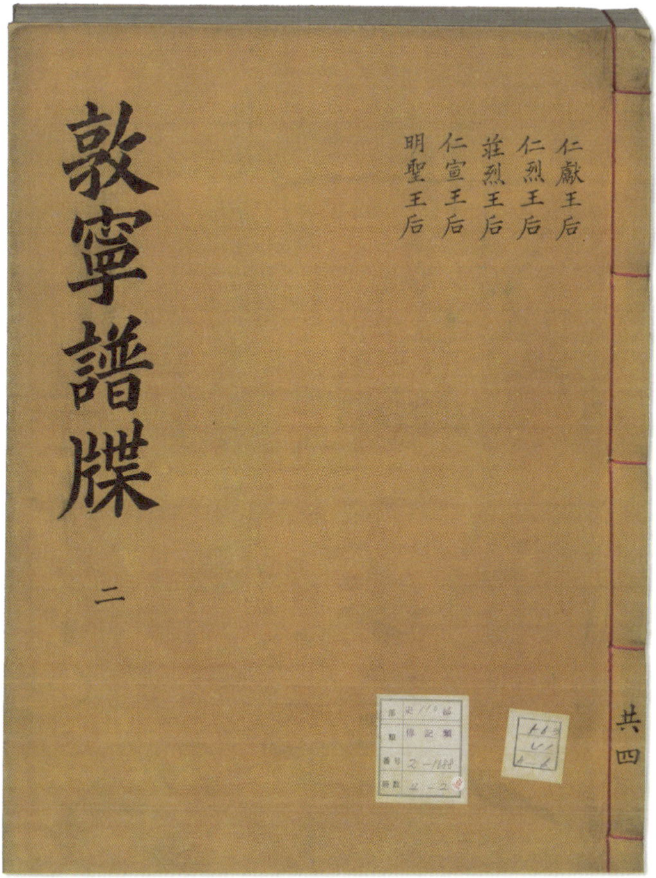

『돈녕보첩』, 표지

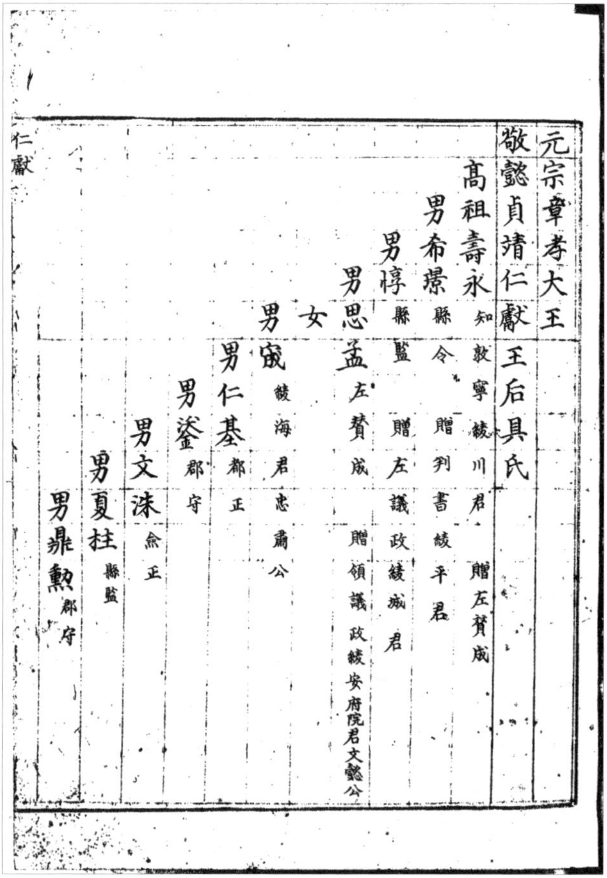
元宗章孝大王
敬懿貞靖仁獻王后具氏
高祖壽永 知敦寧綾川君 贈左贊成
男希璟 縣令 贈判書綾平君
男惇 縣監 贈左議政綾城君
男思孟 左贊成 贈領議政綾安府院君文懿公
女
男宬 綾海君忠肅公
男仁基 都正
男鋈 郡守
男文洙 僉正
男夏柱 縣監
男鼎勳 郡守
仁獻

『돈녕보첩』, 1면

4.

족보, 뿌리와 이름을 잇는 책

세종대왕은 "뿌리 깊은 나무는 바람에 흔들리지 않고 꽃 좋고 열매가 많다"고 노래했다. 1445년(세종 27), 조선 왕실의 유구한 역사와 정통성을 찬양한 『용비어천가』의 한 구절이다. 나라가 그러하듯, 가문 또한 나무와 같아 뿌리는 조상을, 열매는 후손의 성취를 의미한다. 나무로 가문을 비유한 것은 한국만의 생각이 아니라, 유럽의 왕실에서도 흔히 볼 수 있는 상징이었다. 뿌리는 혈통을, 가지와 열매는 그 후손의 번영을 상징한다. 조선시대 사람들에게 조상의 이름과 행적을 아는 것은 교양이자 도덕의 근본이었으며, 그것을 '효'의 실천으로 여겼다.

'뼈대 있는 가문'이라는 말도 있다. 뼈대는 단순히 혈통의 오래됨을 뜻하지 않는다. 대대로 뛰어난 인물을 배출해온 집안이라는 자부심을 나타낸다. 훌륭한 조상이 많다는 것은 곧 사회적 신뢰와 명예를 의미했고, 후손은 그 기대에 부응하기 위해 학문을 닦고 벼슬이나 사회적 성취를 이루려 노력했다. 이런 노력이 바로 조선시대가 중시한 '효'의 한 형태였다.

뿌리 깊고 뼈대 있는 가문은 여러 혜택을 누릴 수 있었다. 군역과 세금의 부담이 적었고, 사회적 위상도 높았다. 그러기 위해서는 자신의 뿌리와 가문의 전통을 명확히 드러내야 했는데, 이를 가장 확실히 보여주는 방법이 바로 책, 곧 족보(族譜)였다. 족보는 눈으로 확인할 수 있는 가문의 역사였다.

한국에서 현존하는 가장 오래된 족보로는 1476년(성종 7)의 『안동권씨 족보』와 1565년(명종 20)의 『문화유씨 족보』가 있다. 족보는 보통 30년마다 한 번씩 편찬했는데, 세대가 교체될 때마다 내용을 새로 정리하기 위해서였다. 여러 차례 편찬이 거듭되면서 내용이 보완되는 한편, 세월이 지나며 왜곡되기도 했다. 그래서 가장 처음 간행된 '초간보(初刊譜)'는 사료적 가치가 높게 평가된다. 이번에 살펴볼 『해주정씨 초간보』는 그런 초간보의 대표적 예로, 조선의 뿌리 깊은 가문이 족보를 통해 자신들의 역사를 어떻게 기록했는지를 보여준다.

해주정씨 가문은 1693년(숙종 19) 족보 간행을 위한 특별기구, '족보청(族譜廳)'을 설치하고 전국의 종친들에게 자료와 재정적 지원을 요청했다. 통문에는 다음과 같은 절절한 호소가 실려 있다.

> 우리나라에서 대대로 특권을 누린 집안은 모두 족보가 있는데, 우리 가문만 없습니다. 서울과 지방의 종원들이 참고할 만한 기록이 없거나, 있더라도 계통이 자세하지 못하여 늘 안타까웠습니다. … 큰일을 해야 하나 재력이 부족하니 여러 종원들께서 힘닿는 대로 도와주시길 간곡히 바랍니다.
>
> –「족보청에서 전국의 종원들에게 보낸 통문」 중

족보청은 수년 동안 후손들의 가계 자료를 모으고, 출생·혼인·관직 등의 정보를 정리했다. 그러나 재원이 부족해 여러 가문에 도움을 요청하기도 했다. 그 목적은 명확했다. 해주정씨가 다른 명문가에 뒤지지 않는 뿌리 깊은 가문임을 세상에 드러내는 것이었다. 그 결실로 1694년(숙종 20) 『해주정씨 초간보』가 간행되었다. 서문에는 다음과 같은 구절이 있다.

> 비록 우리 가문의 근원을 자세히 밝히지 못했으나, 오늘날 해주정씨라 하는 이는 모두 정도공 정역의 후손이다. 족보를 펼쳐보면 누가 누구의 자손이며 어느 갈래가 어느 집안인지를 손바닥 들여다보듯 알 수 있다.
>
> –『해주정씨 초간보』, 서문 중

족보 서문에는 가문의 여러 자료를 수집하느라 애쓴 과정과 함께, 정보 수합의 한계를 인정하는 겸양의 말이 실려 있다. 그러나 그보다 중요한 성과는 해주정씨의 시조를 정도공 정역(?~1425)으로 확정한 점이었다. 해주정씨는 정역이 세상을 떠난 지 약 270년이 지난 1694년에 이 족보를 간행했는데, 수백 년 동안 흩어져 있던 후손들의 계보를 집대성한 최신의 종합 기록이라 할 수 있다. 결국 족보의 편찬 목적은 '뿌리 깊은 가문'임을 명백히 드러내는 데 있었다.

서문에 이어 인물별 가계 기록이 정리되어 있다. 우선 가문의 시조를 누구로 할 것인가를 두고 오랜 검증이 이루어졌다.

> 집안의 족보를 살펴보니 옛 족보에는 소윤부군 정언이 정랑부군 정숙의 아들로 되어 있다. 여러 집안의 족보를 고증해보니 후손으로 기록한 경우가 많으나, 연대를 보면 정숙이 고려 신종 때 문과에 급제한 이후 정도공 정역이 홍무 계해년(1383)에 급제하기까지 182년이 지나 있어 증손 3세의 간격이라 보기 어렵다.
>
> – 해주정씨 족보 상계 기록 중

족보청은 간행을 준비하면서 각지에 흩어져 있던

족보와 가계 문서를 모아 서로 대조했다. 계보상 가장 오래된 인물은 고려 신종 때 문과에 급제한 정숙이었다. 그러나 문헌마다 연대와 혈통이 일치하지 않아 확정하기 어려웠다. 대신 편찬자들은 태종 이방원(1367~1422)과 함께 과거에 급제한 정역에 주목했다. 정역은 왕과의 인연으로 아들과 손자들이 왕실과 혼인하여 명문가의 위상을 확립했다. 그는 '뼈대 있는 가문'의 상징적 인물이었기에, 족보청은 정역을 시조로 확정하고 그를 중심으로 이후 세대의 계보를 정리했다.

족보의 구성은 윗세대에서 아래로, 즉 조상에서 자손으로 가지가 뻗어가는 형식이다. 이를 통해 가문의 세대와 혼맥 관계를 한눈에 파악할 수 있다. 예를 들어 정효준(1577~1665)의 항목은 다음과 같다.

> 정효준. 자는 효우. 1577년(선조 10)에 태어나 1618년(광해군 10)에 생원시에 합격하였다. 관직은 종친과 외척을 관리하는 돈녕부의 수장을 지냈고, 해풍군에 봉해졌다. 89세를 살았으며, 다섯 아들이 모두 문과에 급제하였다. 부인은 전주류씨로 현감 류영하의 딸이며 두 딸을 낳았다.
>
> – 해주정씨 족보의 정효준 기록 중

이 기록은 정효준의 출생·과거 급제·관직 이력과 사망 연도, 그리고 배우자와 자녀의 정보를 체계적으로 정리하고 있다. 특히 다섯 아들이 모두 과거에 급제했다는 사실을 통해, 그가 학문과 교양을 중시하는 '뼈대 있는 집안'을 일군 인물임을 강조한다. 배우자의 가문까지 함께 기록하여 명문가끼리의 혼인을 보여주는 점도 주목된다.

현대 사회에서는 개인의 능력과 성취가 중시되지만, 조선시대에는 가족과 가문의 연속성이 더 큰 의미를 지녔다. 각 가문은 자신들의 뿌리와 명성을 세상에 알리기 위해 경쟁적으로 족보를 편찬했다. 그것은 '뿌리 깊고 뼈대 있는 집안'임을 증명하기 위한 일종의 명예 경쟁이었다.

오늘날 족보의 실질적 영향력은 줄었지만, 여전히 조상을 기억하고 그로부터 자긍심과 위안을 얻는 사람들은 있다. 족보는 단순히 옛사람들의 이름을 기록한 책이 아니라, 우리가 어디에서 왔는지를 보여주는 문화적 지도이다. 그리고 그 뿌리를 기억하는 일은 여전히 자신을 지탱하는 마음의 뼈대가 되고 있다.

정수환

정효준 초상

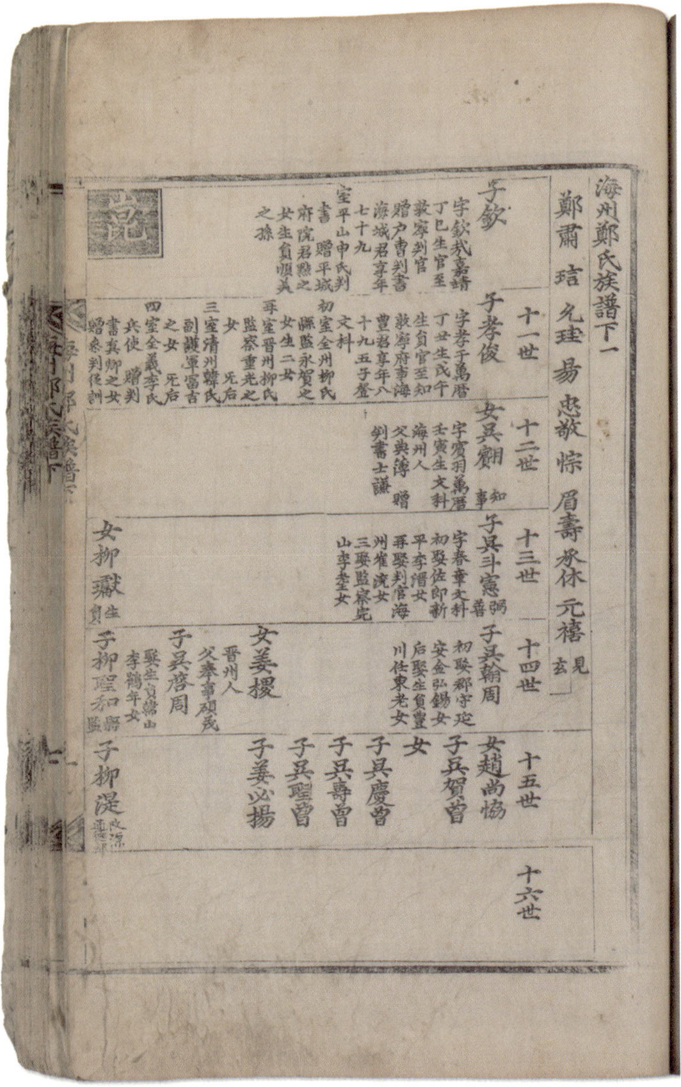

해주정씨 족보(왼쪽)와 그 내용(오른쪽)

해주정씨족보하일

정숙 언 윤규 역 충경 종 미수 승휴 원희 견(見)쪽을 보라

	아들 흠	자는 흠재이고, 1557년에 태어나서 관직이 돈녕부 판관에 이르렀다. 호조판서로 증직되고 해성군에 봉군되었다. 79세를 살았다.	부인은 평산신씨로 판서를 지내고 평성부원군에 증직된 윤점지의 딸이고 생원을 지낸 윤순미의 후손이다.	곤			
11세	아들 효준	자는 효우이고, 1577년에 태어나서 1618년에 생원을 지냈다. 관직은 종친과 외척을 관리하는 돈녕부의 수장을 역임하고 해풍군에 봉군되었다. 89세를 살았고 다섯 아들이 문과에 급제했다.	첫 번째 부인은 전주류씨로 현감을 지낸 류영하의 딸로 두 딸을 낳았다.	두 번째 부인은 진주류씨로 감찰을 지낸 류중광의 딸로 자식이 없다.	세 번째 부인은 청주한씨로 부호군을 지낸 한부길의 딸로 자식이 없다.	네 번째 부인은 전의이씨로 병사를 지내고 판서에 증직된 이진경의 딸이다. 참판에 증직된 이종훈	
12세	딸 오빈 지사를 지냈다	자는 빈우이고, 1602년 태어났다. 문과에 급제했다. 해주최씨. 아버지는 전적을 지냈고 판서에 증직된 오사겸이다					
13세	아들 오두헌 필선을 지냈다	자는 춘장이고 문과를 했다.	첫 부인은 좌랑을 지낸 신평이씨 이잠의 딸이다.	두 번째 부인은 판관을 지낸 해주최씨 최유의 딸이다.	세 번째 부인은 감찰을 지낸 완산이씨 이질의 딸이다.	딸 류환 생원이다.	
14세	아들 오한주	첫 부인은 군수를 지낸 연안김씨 김홍석의 딸.	사별하고 풍천임씨 생원 김동노의 딸을 맞았다.	딸 강직	진주강씨. 아버지는 봉사를 지낸 강석무.	아들 오계주	생원을 지낸 한산이씨 이학생의 딸과 혼인했다. / 아들 류성화 현감을 지냈다.
15세	딸 조상협	아들 오하증	딸	아들 오경증	아들 오수증	아들 오성증	아들 강필양
16세							

5.
아홉 살 식모의 고용계약서, 어린 노동의 기록

1917년 6월 4일생인 공녀(空女)가 지주의 집에 식모로 들어간 것은 9살이 갓 넘은 1926년 7월 28일이었다. 한국학중앙연구원 장서각의 마이크로필름에는 당시 작성된 고용계약서와 영수증, 그리고 간단한 기록이 함께 남아 있어, 공녀가 겪었던 식모살이의 단면을 엿볼 수 있다.

공녀가 열 살도 안 된 나이에 식모가 된 이유는 많은 경우와 마찬가지로 가정의 궁핍 때문이었다. 공녀의 아버지 김태춘(金泰春)은 그녀가 태어난 지 채 2년도 되지 않은 1919년 2월에 세상을 떠났다. 형제 관계는 알 수 없지만, 고용계약서에 따르면 공녀의 식모 계약은 친모 신선녀(辛仙女)의 생활고로 인한 것이었다. 계약의 명의는 공녀였으나, 미성년자인 탓에 실질적 계약 당사자는 어머니 신선녀였다. 남편을 잃은 후 7년여를 홀로 살림하던 신선녀는 끝내 생활고를 견디지 못하고 딸을 고을의 만석꾼 집에 식모로 들인 것으로 보인다.

계약서에는 공녀의 임금이 25원, 고용 기간은 계약일로부터 25년으로 명시되어 있다. 1년에 1원꼴로 계산된 임금을 한꺼번에 받고 25년간 일하기로 한 셈이다. 1926년 당시 식민지 조선의 조선인 여자 하인의 월평균 임금이 식사 제공을 포함해 약 7원이었다는 점을 고려하면, 공녀의 임금은 형식만 갖춘 수준에 불과했다.

불평등은 임금뿐 아니라 계약 조건에서도 드러난다. 계약 기간 동안 공녀는 어떠한 사정이 있어도 고용을 해지할 수 없었다. 만약 6년 이내에 계약을 해하려면, 받은 임금에 대해 매 원당 월 4전의 이자와 의복비를 더해 갚아야 한다는 조항이 붙어 있었다. 훗날 공녀가 성장하여 결혼 등의 사유로 계약을 끝내려 해도, 그 비용을 전액 상환해야만 해약이 가능했다. 계약서에는 공녀와 함께 친모 신선녀가 친권자로서 참여해 날인했으며, 딸이 도망하거나 출가했을 때도 금전적 책임을 함께 져야 했다.

공녀의 식모 계약은 '고용계약서'라는 이름에 걸맞지 않게, 그 내용이 심하게 왜곡되어 있었다. 본질적으로는 노동력 제공에 대한 임금 지급이라는 임노동 계약임에도 불구하고, 이러한 비대칭성이 나타난 것은 피고용자인 공녀와 그 가족의 처지에서 비롯된 것이다. 어린 여아들이 식모살이를 하게 되는 많은 경우처럼, 공녀의 계약 또한 단순히 임금 획득만이 목적은 아니었다. 가족의 입장에서는 입 하나를 줄임으로써 생계 부담을 덜 수 있었고, 공녀의 입장에서는 끼니 걱정은 하지 않아도 된다는 점이 이런 불평등한 계약을 가능하게 했을 것이다.

그렇다면 공녀의 식모살이는 어떠했을까? 고용계약서, 영수증과 함께 촬영된 '공녀모출급기(空女母出給記)'라는 기록을 보면, 그리 순탄하지는 않았던 것으로 보인다. '공녀모출급기'는 공녀의 식모 계약 이후 지주가에서 공녀와 관련해 지출한 내역을 정리한 문서로, 공녀의 모친 신선녀 앞으로 달아 놓은 부채 기록이라 할 수 있다.

총 5개 항목으로 구성된 이 기록의 앞 두 항목은 계약 이듬해인 1927년 7월 21일에 공녀의 어머니에게 지급한 백미 1말과 돈 1엔에 대한 내역이다. 이후의 세 항목은 각각 3엔, 3엔 50전, 3엔 75전의 금전 기록으로, 모두 공녀의 도망에 따른 추심비용이다.

공녀의 첫 번째 도망은 식모 계약을 맺은 지 3년 후인 1929년 10월, 그녀가 12살 때였다. 그로부터 2년 뒤인 1931년 10월, 두 번째 도망이 있었고, 16살이던 1933년 2월에 세 번째 도망을 감행했다. 1926년 7월, 9살의 나이로 25개년의 식모 고용계약을 25엔에 체결하고, 7년이 지난 1933년까지 공녀는 세 차례에 걸쳐 도망을 시도한 것이다. 이로 인해 공녀의 가족은 모두 10엔 25전의 추심비용을 부담하게 된다. 실제로 이를 상환했는지는 알 수 없으나, 이 같은 기록은 어린 공녀의 식모살이가 그녀 자신은 물론 가족에게도 얼마나 가혹한 일이었는지를 짐작하게 한다.

허원영

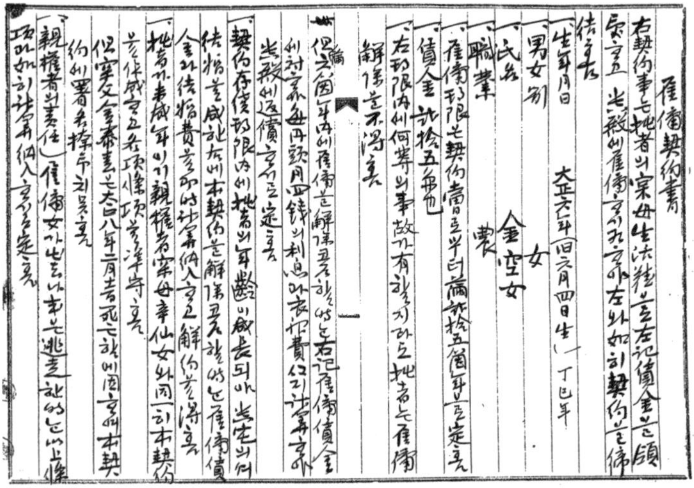

雇傭契約書

右契約事는 他者의 家母 生活維持를 左記 債金을 領受하고 此 報酬에 雇傭하기 爲하야 左와 如히 契約을 締結함

一, 生年月日 大正六年 (旧六月四日生) 丁巳年

一, 男女別 女

一, 氏名 金空女

一, 職業 農

一, 債金 金 六拾五圓也

一, 雇傭期限은 契約當日로부터 滿 拾五個年으로 定함

一, 右期限內에 何等의 事故가 有할지라도 他者는 雇傭解除를 不得함

一, 但 (補) 滿期內에 雇傭을 解除코저 할 時는 右記 雇傭債金에 對하야 每円 每月 四錢의 利息과 衣服費를 計算하야 此 報酬에 返償하기로 定함

一, 契約存續期限 內에 他者의 年齡이 成長되야 此 家의 結婚을 成就 時에 本契約을 解除코저 할 時는 雇傭債金과 結婚費를 合하야 計算 納入하고 解約을 得함

一, 他者가 未成年이기 親權者 家母 辛仙女와 同一히 本契約을 作成하고 各 項條項을 遵守함

但 家父 金泰善은 大正八年 二月 十五日 死亡하였기로 本契約에 署名 捺印치 못함

一, 親權者의 責任은 雇傭女가 逃走 時는 以上 條項과 如히 計算 納入하기로 定함

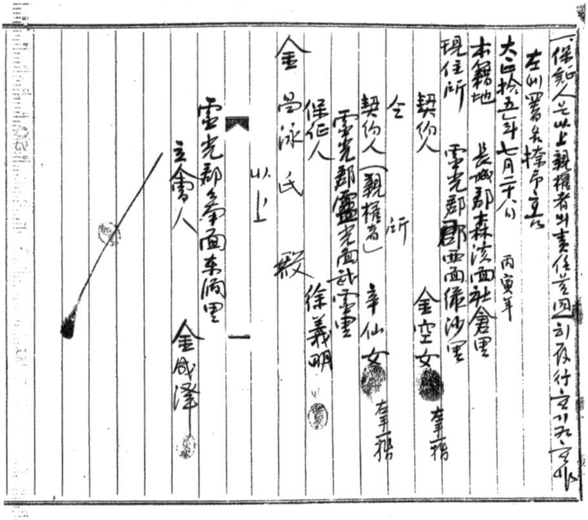

一, 保證人은 以上 親權者의 責任을 因하야 履行하기로 함

右에 署名 捺印함

大正拾五年 七月 二十八日 丙寅年

本籍地 長城郡 森溪面 社倉里

現住所 靈光郡 郡西面 德沙里

契約人 金空女 拇印

仝 所

契約人(親權者) 靈光郡 靈光面 武靈里 辛仙女 拇印

保証人 徐義明

金宗泳 氏 殿

以上

靈光郡 郡南面 東간里

立會人 金成澤

공녀의 식모 고용계약서(왼쪽)와 그 내용(오른쪽)

고용계약서

이 계약은 본인 친모의 생활난으로 인하여 다음의 임금을 영수하고 귀전에 고용하기 위하여 다음과 같이 계약을 체결함.

생년월일: 1917년 정사년 음력 6월 4일생
성별: 여
성명: 김공녀(金空女)
직업: 농업
고용 기한은 계약 당일로부터 만 25개년으로 정함
임금: 25원
이 기한 내에 어떠한 일이 있을지라도 본인은 고용 해제를 할 수 없음. 단 만 6개년 내로 고용을 해제하고자 할 때는 위 고용 임금에 대하여 매 원당 월 4전의 이자와 의복비까지 계산하여 귀전에 배상하기로 정함.
계약 존속기한 내에 본인의 연령이 성장하여 귀댁에서 결혼을 한 후에 본 계약을 해제하고자 할 경우에는 고용임금과 결혼비용을 즉시 계산하여 납입하고 해약을 할 수 있음.
본인이 미성년이므로 친권자인 친모 신선녀(辛仙女)와 함께 본 계약서를 작성하고 각 항 조항을 준수함. 단, 친부 김태춘(金泰春)은 1919년 2월 12일 사망하였으므로 본 계약에 서명 날인하지 못함.
친권자의 책임: 고용녀가 출거(出去)나 도주한 경우에는 이상 조항과 같이 계산하여 납입하기로 정함.
보증인은 이상 친권자의 책임을 함께 준행하기 위하여 다음과 같이 서명 날인함.

1926년 7월 28일 병인년
본적지 장성군 삼계면 사창리
현주소 영광군 군서면 녹사리
계약인 김공녀(金空女) 〈左手一指〉
같은 주소
계약인(친권자) 신선녀(辛仙女) 〈左手一指〉
영광군 영광면 무령리
보증인 서의명(徐義明) 〈捺印〉

김창영(金昌泳)씨 전
이상
영광군 군남면 동간리
입회인 김성택(金成澤) 〈捺印〉

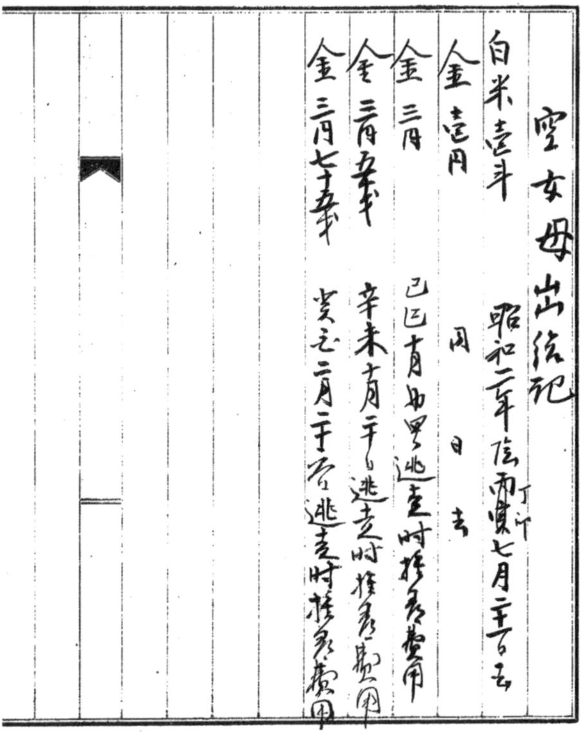

空女母出給記

白米壹斗 昭和二年陰曆丁卯七月二十一日去

金壹円 同日去

金三円 己巳十月初四日逃走時推尋費用

金三円五十錢 辛未十月二十日逃走時推尋費用

金三円七十五錢 癸酉二月二十六日逃走時推尋費用

공녀(空女) 모 출급기

백미 1두: 1927년 음력 정묘 7월 21일 거(去)

금 1엔: 동일 거(去)

금 3엔: 기사(1929년) 10월 초4일 도주시 추심비용

금 3엔 50전: 신미(1931년) 10월 20일 도주시 추심비용

금 3엔 75전: 계유(1933년) 2월 26일 도주시 추심비용

공녀 모 출급기와 그 내용

6.
종량 문서, 누이 태임의 삶이 바뀐 날

조선은 일부일처제를 기본으로 했으나 첩을 허용하는 사회였다. 첩은 주로 신분이 낮은 여성을 대상으로 했으며, 적처와는 엄격한 차별이 존재했다. 첩은 신분에 따라 양첩과 천첩으로 나뉘었고, 양첩의 자식은 서자녀, 천첩의 자식은 얼자녀라 했다. 우리가 흔히 말하는 '서얼(庶孼)'은 이들 양첩과 천첩 소생 자녀를 아울러 부르는 말이다. 서얼은 비록 아버지가 양반이라도 신분이 낮은 어머니의 소생이기 때문에 적자녀와 뚜렷한 차별을 받았다. 특히 천첩 소생인 얼자녀는 '일천즉천(一賤則賤)'과 '종모법(從母法)'에 따라 태어날 때부터 천인의 신분을 지녔으며, 양인으로 올라가기 위해서는 대가를 치르는 속신(贖身)의 과정을 거쳐야 했다. 이를 '종량(從良)'이라 한다.

이 문서는 이덕일(李德一, 1688~1757) 형제가 어린 얼매(孼妹) 태임(台任)을 종량하는 내용을 담고 있다. 1712년 11월 20일, 경상도 진주의 마진마을에서 작성된 것으로, 문서의 주체는 이덕일이다. 매부 정홍로(鄭洪老)가 증인으로 참여했고, 또 다른 매부 배윤길(裵胤吉)이 붓을 잡아 문서를 작성했다. 두 매부는 누이를 대신해 참여하여 단순히 증인이나 필집자의 역할만이 아니라, 문서의 내용을 직접 확인하고 동의하는 당사자였다. 따라서 이 문서는 형제자매 세 사람이 함께 작성하고 확인한 문서였다.

이들은 부친 이보(李葆, 1651~1708)와 적처 영산신씨(靈山辛氏, 1649~1688) 사이에서 태어난 여섯 남매 중 당시까지 생존해 있던 세 남매였다. 문서의 주인공 태임은 이보가 1698년에 자신의 비(婢) 윤덕(允德)과의 사이에서 얻은 천첩 소생 얼녀(孽女)로, 당시 14세의 어린 나이였다.

이 문서는 겉보기에는 노비 매매문서의 형식을 따르고 있으며, 내용상으로는 노비를 양인으로 해방시키는 속량문기(贖良文記) 혹은 속신문기(贖身文記)와도 닮아있다. 그러나 결정적인 차이가 있다. 바로 대가의 지불이 없다는 점이다. 문서에는 그 이유가 분명히 적혀 있다. "너는 곧 선친께서 매득하신 첩의 소생이니, 속신 없이 종량함이 법전에도 실려 있다." 만약 태임의 어머니 윤덕이 다른 사람이나 관 소유의 노비였다면, 속신을 위한 금전 지급이 필요했을 것이다. 그러나 윤덕이 본래 부친의 비였으므로 대가를 치를 필요가 없었다.

그렇다면 굳이 문서를 작성한 이유는 무엇일까. 문서에는 이렇게 적혀 있다. "그러나 우리 남매 중에 후고할 문서가 없지는 않으므로, 법전에 따라 종량의 일을 삼 남매가 함께 증인과 필집을 갖추어 문서를 작성한다." 여기서 '후고할 문서'란 태임이 비(婢)임을 증명하는 문서들이다. 윤덕을 매득할 때의 노비 매매문서, 윤덕과 태임이 함께 수록된 호구문서, 그리고 1699년 이보가 자녀들에게 재산을 나눌 때 작성한 분재기 등이 이에 해당한다. 당시 두 살이던 태임은 이덕일의 몫으로 분재되었으므로, 문서의 효력을 무효화 하기 위한 이해 당사자 간의 참여와 확인을 문서로 남기는 것이 필요했다.

이어지는 문장은 종량의 법적 근거를 더욱 분명히 한다. "이 일은 매매와는 다르므로 빗기[斜只]를 받지 않고, 네 어미 매득 시의 빗출문서[斜出文書]를 함께 영영 허급하니, 내외 후손 가운데 후일 잡담이 있거든 이 문서로 관에 고하여 바로잡을 것." 여기서 '빗기'나 '빗출문서'는 노비 매매 시 관에서 발급하는 사급입안(斜給立案)을 뜻한다. 태임의 종량은 매매가 아니므로 관의 입안을 받을 이유가 없었고, 대신 윤덕의 사급입안을 함께 건네줌으로써 윤덕에 대한 소유권을 포기했음을 명확히 한 것이다. 마지막 문장은 혹시라도 후손 중에 이 일을 문제 삼는 이가 있다면, 이 문서를 근거로 관에 고해 바로잡도록 하여 효력을 재차 강조했다.

결국 이 문서는 태임을 노비 신분에서 완전히 해방하기 위한 최종 확인 절차였다. 태임의 어머니 윤덕은 생전에 부친 이보의 소유였고, 태임은 1699년 분재 이후 이덕일의 소유였다. 따라서 종량에는 금전적 대가가 필요하지 않았으며, 소유자인 이덕일의 의지만 있으면 가능했다.

이보의 삼년상이 끝난 뒤인 1710년, 적자녀 네 남매가 모여 재산을 다시 나누었을 때 작성된 화회문기에는 '천서매처(賤庶妹處)'라 하여 태임에게 답 3두락, 전 1두락의 토지가 따로 분배되었다. 이는 형제들이 태임의 생계와 종량을 함께 걱정했음을 보여준다. 그리고 그로부터 2년 뒤, 이 문서가 작성되었다. 태임의 종량을 최종적으로 합의하고, 후일의 분쟁을 방지하기 위한 마무리 절차였던 것이다.

허원영

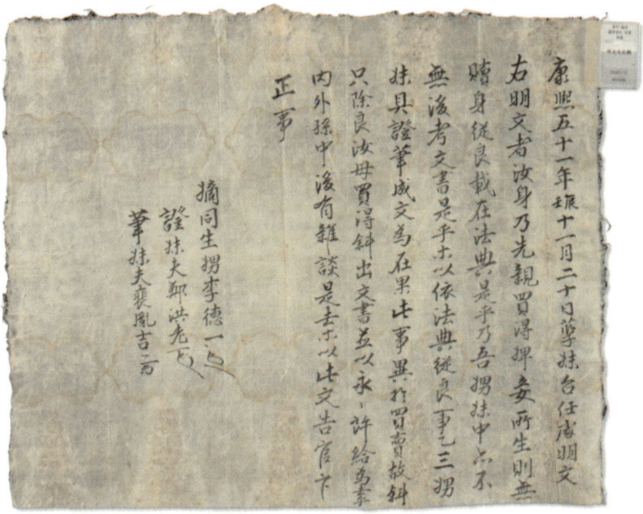
康熙五十一年壬辰十一月二十日孽妹台任處明文
右明文者汝身乃先親買得婢妾所生則無
贖身從良載在法典是乎乃吾娚妹中亦不
無後考文書是乎乃以依法典從良事乙三娚
妹具證筆成文爲在果此事異於買賣故斜
只除良汝母買得斜出文書並以永永許給爲去
內外孫中後有雜談是去乃以此文告官卞
正事
嫡同生娚李德一
證妹夫鄭洪老
筆妹夫裵胤吉

1712년 임진 11월 20일 얼매(孽妹) 태임(台任) 앞 명문(明文)

이 명문(明文)은 (다음과 같다)
너는 선친께서 매득한 비첩(婢妾)의 소생이니,
속신(贖身)하지 않아도 종량(從良)되는 것이 법전에 실려 있지만,
우리 남매 중에 또한 후고할 문서가 없는 것이 아닌 까닭에,
법전에 따라 종량하는 일을
삼 남매가 함께 증인과 필집으로 문서를 작성하거니와
이 일은 매매와는 다르기 때문에 관의 증명[斜只]은 받지 않고
네 어미를 매득하면서 발급받은 문서[斜出文書]를 함께 영영 허급(許給)하오니
내외 후손 가운데 후일 잡담이 있거든
이 문서로 관에 고하여 바로 잡을 것.

적동생남(敵同生娚) 이덕일(李德一)
증(證) 매부(妹夫) 정홍로(鄭洪老)
필(筆) 매부(妹夫) 배윤길(裵胤吉)

1712년 얼매 태임 종량 문기와 그 내용

7.
도장권 매매명문, 눈에 보이지 않는 재산

조선시대의 매매명문(賣買明文)은 자산의 매매 사실을 증빙하는 문서였다. 문서의 서두에는 매매 시기와 매수인의 성명을 적고, 이어 매매 대상의 세부 내역을 기록했다. 마지막에는 매도인과 증인, 필집 등 거래에 참여한 사람들의 이름과 서명으로 마무리했다. 작성된 매매명문은 이전 문서를 뜻하는 구문기(舊文記)로서 매매가 이루어질 때마다 새로운 매수인에게 전달되었다.

매매명문의 대상은 노비·전답·가옥·선척·우마 등과 같은 유형 자산에만 국한되지 않았다. 도장권(導掌權)·공인권(貢人權)·주인권(主人權)과 같은 무형의 권리 역시 일정한 가격으로 거래되었고, 때로는 자손에게 상속되기도 했다.

이 가운데 도장권은 궁방(宮房)의 전답을 관리하고 조세의 상납을 담당한 도장(導掌)의 권리를 가리킨다. 궁방은 조선 후기 왕실 구성원의 생활 기반을 마련하고 제사를 봉행하기 위해 설치된 기관으로, 왕실 내탕(內帑) 및 제사와 관련된 용동궁·어의궁·명례궁·수진궁의 '4궁', 후궁의 영빈방·김귀인방, 그리고 왕자녀의 숭선군방·숙명공주방 등으로 나뉜다. 궁방은 전국 각지에 흩어진 전답·어장(漁場)·염분(鹽盆) 등의 장토(庄土)에서 얻은 이익으로 운영되었으며, 이를 관리하기 위해 도장을 임명했다. 한국학중앙연구원 장서각에 소장된 '안산 부곡 진주류씨 경성당 전적(安山 釜谷 晉州柳氏 竟成堂 典籍)'에는 도장 임명과 도장권 매매에 관한 문서가 남아 있어 그 실체를 확인할 수 있다.

이 전적에 남은 도장권 관련 기록 가운데 가장 이른 것은 1711년(숙종 37) 6월 15일에 작성된 매매명문이다. 이 문서에서 김만성(金萬成)은 이상건(李尙健)에게 도장권을 매도했다. 해당 도장권은 황해도 배천(白川) 남면(南面) 노천(蘆川)의 전답에 설정된 것으로, 당시 숙종의 후궁인 귀인김씨의 궁방인 김귀인방에 속한 것이었다. 김만성은 도장권을 매도하면서 대금으로 전문 60냥을 받았다.

두 달 뒤인 8월, 김귀인방에서는 김만성을 대신하여 이상건을 이 지역의 도장으로 임명한다는 차첩(差帖)을 발급했다.

건륭 원년【병진】5월 15일 조창수에게 작성해 준 명문.

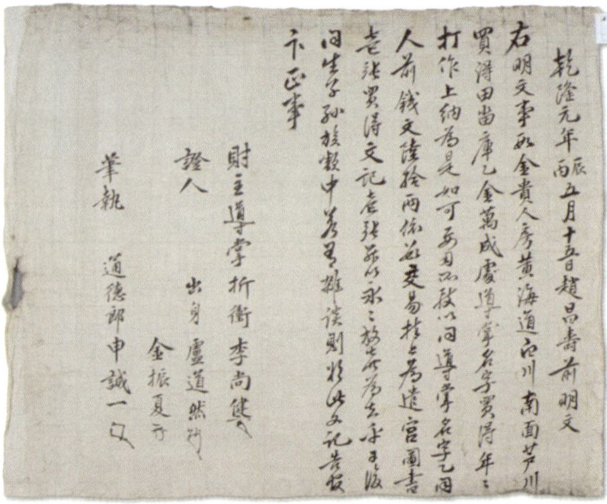

乾隆元年丙辰五月十五日趙昌壽前明文
右明文事段金貴人處黃海道白川南面芦川
買得田畓庫乙金萬成處導掌名字買得年久
打作上納爲是如可要用所致以同導掌名字乙同
人前錢文陸拾兩依數交易捧上爲遣官圖書
壹張買得文記壹張幷以永永放賣爲去乎日後
同生子孫族類中若有雜談則將此文記告官
卞正事

財主 導掌 折衝 李尚[illegible]
證人 出身 盧道然
金振夏
筆執 道德郞 申誠一

1736년 5월 15일 조창수 도장권 매매명문

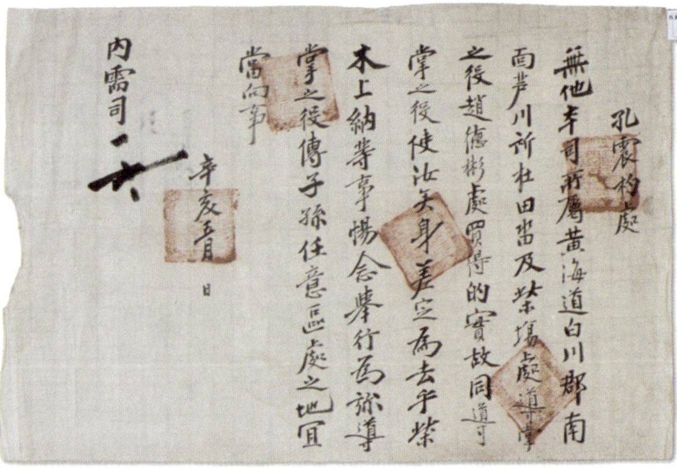

孔震杓處
無他本司所屬黃海道白川郡南
面芦川所在田畓及柴場處導掌
之役趙德彬處買得的實故同導
掌之役使汝矣身差定爲去乎柴
木上納等事惕念擧行爲旀導
掌之役傳子孫任意區處之地宜
當向事

內需司
辛亥五月 日

1791년 5월 공진표 도장 차첩

다음 명문은 김귀인방에서 매득한 황해도 배천 남면 노천의 전답과 관련하여 김만성으로부터 도장 명의를 매득하여 해마다 타작하고 상납했다. 그러다가 긴히 쓸 일이 있어 도장 명의를 이 사람에게 전문 60냥을 정해진 수대로 교역하여 받고, 궁방의 도서 1장, 매득문기 1장을 모두 영영 방매하니 나중에 동생·자손·족류 중에 만약 잡담이 있다면 이 문기를 가지고 관에 고해 바로잡을 일이다.

재주 도장 절충 이상건

증인 출신 노도연, 김진하

필집 통덕랑 신성일

공진표에게

다름이 아니라 본사에 소속된 황해도 배천군 남면 노천에 소재한 전답 및 시장을 담당하는 도장의 역을 조덕빈으로부터 매득한 것이 확실하다. 그러므로 도장의 역을 너에게 차정하니 시목을 상납하는 등의 일을 마음에 깊이 새겨 거행하며, 도장의 역은 자손에게 전해 임의로 처리하는 것이 마땅하다.

신해 5월 일

내수사

제시된 첫 번째 문서는 1736년(영조 12) 5월 15일, 이상건(李尙健)이 조창수(趙昌洙)에게 작성해 준 도장권 매매명문이다. 이상건은 약 25년 동안 김귀인방 전답의 도장 업무를 맡아오다가 조창수에게 그 권리를 매도했다. 도장권의 거래 가격은 이전과 같은 60냥이었다. 그는 1711년에 김만성과 함께 작성했던 매매명문과, 김귀인방으로부터 발급받은 자신의 도장 차첩을 구문기로 함께 전달했다. 혹시라도 일가친척 사이에서 분쟁이 발생해 관의 판결을 받아야 할 경우, 이 문서들이 증빙자료로 쓰일 수 있도록 한 것이다.

이후 도장권은 다시 다른 사람에게 넘어갔다. 1791년(정조 15) 5월에 발급된 도장 차첩을 통해 그 사실을 확인할 수 있다. 차첩의 주인공인 공진표(孔鎭表)는 조덕빈(趙德彬)으로부터 도장권을 매수했다. 1736년의 매매명문에서 이상건으로부터 도장권을 산 사람이 조창수였으므로, 조창수의 집안에서 도장권을 대대로 세습하다가 1791년에 조덕빈이 공진표에게 매도한 것으로 보인다.

특히 주목되는 점은 차첩의 발급처가 김귀인방이 아닌 내수사(內需司)로 바뀌었다는 사실이다. 궁방이 장토를 확보하는 방식에는 국왕으로부터 받는 절수(折受)나 사여(賜與), 그리고 민전(民田)의 투탁(投托)이 있었다. 이 밖에 이속(移屬)이나 매매를 통해 장토가 다른 관청이나 궁방으로 옮겨지는 일도 있었다. 내수사 발급 차첩은 그러한 변동의 결과였다.

1791년 내수사 차첩은 1711년 김귀인방 차첩보다 훨씬 상세하다. 조덕빈으로부터 도장권을 매수한 사실을 명시하여 명의 변경의 이유를 구체적으로 적었다. 또 도장의 역을 자손에게 전하여 임의로 처리하라는 내용이 덧붙어 있어, 도장권이 단순한 직책이 아니라 자산으로서 매매와 상속의 대상이 되었음을 보여준다.

그렇다면 이렇게 여러 사람을 거쳐온 도장권 관련 문서들이 어떻게 진주류씨 경성당 전적에 포함되었을까. 그 단서는 대한제국기 문서에서 찾아볼 수 있다. 20세기 초 일본의 이권 침탈은 황실 재정의 조사와 정리로 이어졌다. 1907년, 황실 재정 정리 사업의 일환으로 각궁사무정리소(各宮事務整理所)가 주도한 궁방 장토의 국유화 작업이 시작되면서, 2월에는 궁방이, 6월에는 도장이 폐지되었다.

당시 도장이 보관하던 문서는 모두 환수되어 유형별로 분류되었고, 권리에 상응하는 금액이 배상되었다. 이 작업은 임시제실유급국유재산조사국(臨時帝室有及國有財産調査局)을 거쳐 임시재산정리국(臨時財産整理局)에서 마무리되었다. 그 결과물이 바로 1910년 5월 25일, 임시재산정리국이 류한수(柳漢秀, 1886~?)에게 발급한 교부증서이다.

임시재산정리국은 류한수가 내수사 소속 장토의 도

장임을 인정하고, 그에게 배상금 176환 25전을 지급했다. 행정구역 명칭의 변화에 따라 해당 전답은 '배천군 용해면(龍海面)'과 '금곡면(金谷面)'에 위치한 것으로 기록되었다. 실제로 진주류씨 경성당 전적에는 용해면과 금곡면의 전답에서 거둔 소출과 도조액(賭租額)을 적은 추수기(秋收記) 여러 점이 남아 있어 이를 뒷받침한다. 또한 임시재산정리국이 작성한 「도장배상금산출표(導掌賠償金算出表)」와 「사금교부제도장일람표(賜金交付濟導掌一覽表)」를 통해서도, 류한수가 관리하던 내수사 소속 장토의 소재지와 면적, 소출량, 상납액, 도장권 배상금 등의 세부 정보를 확인할 수 있다.

당시 임시재산정리국이 환수한 문서는 장토의 위치나 제출 기관, 제출자의 이름에 따라 문서철로 구분·정리되었으며, 현재 '장토문적류(庄土文籍類)'라는 명칭으로 서울대학교 규장각한국학연구원에 소장되어 있다. 이 가운데 「황해도장토문적」에는 '배천군(白川郡) 동월리(桐月里) 류한수(柳漢秀) 제출'이라는 표제가 붙은 문서철이 포함되어 있는데, 여기의 류한수가 바로 임시재산정리국으로부터 교부증서를 발급받은 그 인물이다.

제시된 표는 장서각 소장 진주류씨 경성당 전적의 도장권 관련 문서와 규장각 소장 황해도장토문적 중 '류한수 제출 문서철'을 시기별로 정리한 것이다. 두 자료를 함께 살펴보면 각 문서 사이의 공백이 메워질 뿐 아니라, 도장권의 변동 과정에서 미처 알지 못했던 사실도 드러난다. 귀인김씨 사후 김귀인방은 혁파되었고, 그 소속 장토는 모두 내수사로 이속되었다. 영조의 전교에 따라 기존 도장들이 계속 직무를 수행하면서 내수사 명의의 도장 차첩이 발급되기 시작했다. 이후 도장권 명의는 김만성→이상건→조창수→조덕빈→공진표→김응석→이정근→이태진으로 이어졌다.

연번	발급 시기	발급	수취	문서명	소장처
1	1705년(숙종 31) 12월	배천군수	김숙원방	황해도배천군남면노천방복재김숙원방전답타량성책	규장각
2	1705년(숙종 31) 12월	배천군수	김숙원방	황해도배천군남면노천방복재김숙원방전답타량성책	규장각
3	1711년(숙종 37) 6월 15일	김만성	이상건	이상건 도장권 매매명문	장서각
4	1711년(숙종 37) 8월	김귀인방	이상건	이상건 도장 차첩	장서각
5	1736년(영조 12) 5월 15일	이상건	조창수	조창수 도장권 매매명문	장서각
6	1736년(영조 12) 11월	김귀인방	조창수	조창수 도장 차첩	규장각
7	1776년(영조 52) 6월	내수사	조덕빈	조덕빈 도장 차첩	규장각
8	1788년(정조 12) 5월 7일	조덕빈	공진표	공진표 도장권 매매명문	규장각
9	1791년(정조 15) 5월	내수사	공진표	공진표 도장 차첩	장서각
10	1793년(정조 17) 7월 7일	공진표	김응석	김응석 도장권 매매명문	규장각
11	1837년(헌종 3) 12월	김응석	[이정근]	[이정근] 도장권 매매명문	규장각
12	1857년(철종 4) 12월	이정근	[이태진]	도장권 매매명문	규장각
13	1888년(고종 25) 10월	이태진	안산 류 진사	류원성 도장권 매매명문	규장각
14	1888년(고종 25) 10월	이태진	안산 류 진사	류원성 도장권 매매명문	장서각
15	1910년 5월 25일	임시재산정리국	류한수	류한수 교부증서	장서각

이 가운데 특히 주목되는 문서는 1888년(고종 25) 10월, 이태진이 안산의 류 진사에게 작성해 준 도장권 매매명문이다. 이 문서는 장서각과 규장각 두 곳에 모두 전한다. 그러나 매매 대상과 구문기의 기재 내용에서 차이를 보인다. 장서각 소장본에서는 전답 정보를 수정해 문서 뒷면에 기록하고, 구문기가 없다고 명시했다. 반면 규장각 소장본에서는 수정된 전답 정보를 반영하면서 '궁도서 2장(宮圖書二張)', 즉 도장 차첩 두 장과 구문기를 함께 전달했다고 적었다. 따라서 규장각 소장본이 수정 사실을 반영한 최종본으로 판단된다.

또한 이태진은 자신을 '재주(財主)'가 아닌 '답주(畓主)'로 지칭했다. 이는 도장권과 도장의 성격이 변모했음을 보여준다. 도장은 장기간 장토를 관리하며 경비를 스스로 부담하는 과정에서 단순한 관리자의 지위를 넘어 실질적 소유자에 가까운 권한을 행사하게 되었다. 도장권 매매명문에서 '답주'라는 표현이 등장하는 것은 19세기 후반 이후 도장이 토지의 주인으로 자임한 현상을 반영한다. 매수인 류 진사는 바로 류한수의 부친 류원성(柳遠聲, 1851~1945)으로, 그의 뒤를 이은 아들 류한수가 해당 전답의 마지막 도장이 되었다.

규장각 소장 '류한수 제출 문서철'에는 "배천 류한수 전답문권 5장, 도장첩문 2장, 융희 3년(1909) 1월

18일, 68호(白川柳漢秀 田畓文券五丈 導掌帖文二丈 隆熙三年一月十八日 六八號)"라는 표지가 붙어 있다. 이는 애초에 장서각 소장 도장권 관련 문서들이 제출되지 않았음을 알려주는 기록이다. 류한수가 보유 문서 중 일부만 제출한 이유나 그 선별 기준은 알기 어렵지만, 문중과 기관의 보존 노력 덕분에 오늘날까지 자료가 전해진다. 약 200년에 걸친 이 일련의 문서들은 궁방 도장권이 단순한 관리직이 아니라 세대를 이어 거래되고 상속된 '눈에 보이지 않는 재산'이었음을 보여준다.

이은진

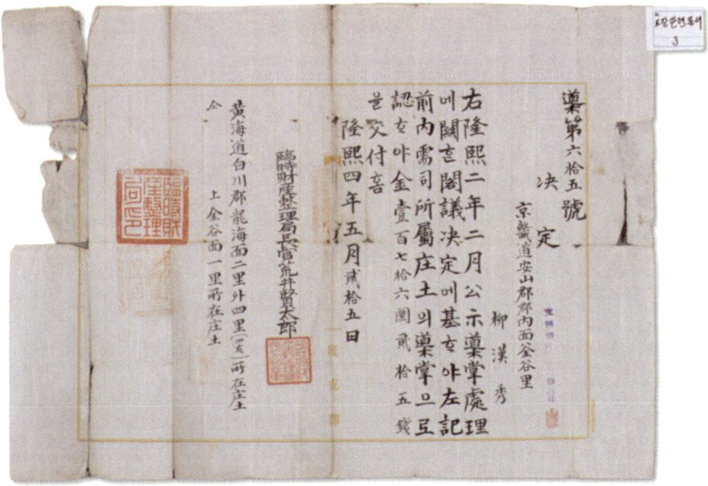

導第六拾五號

決 定

京畿道安山郡郡內面釜谷里

柳 漢 秀

右隆熙二年二月公示導掌處理에關한閣議決定에基하야左記前內需司所屬庄土의導掌으로認하야金壹百七拾六圜貳拾五錢을交付함

隆熙四年五月貳拾五日

臨時財産整理局長官荒井賢太郎

黃海道白川郡龍海面二里外四里(二夫)所在庄土

上金谷面一里所在庄土

1910년 5월 25일 류한수 증서

8.

해주정씨 고문서, 한 가문의 삶을 따라가다

네가 세상에 태어났다가 죽은 것이 겨우 세 돌뿐인데, 나와 헤어져 산 것이 2년이나 된다. 사람이 60년을 산다고 할 때, 40년 동안이나 부모와 헤어져 산 것이니, 참으로 슬픈 일이라 하겠다. 네가 태어났을 때, 나의 근심이 깊어 너를 '농(農)'이라 이름지었다. 얼마 지나지 않아 집안의 화(禍)가 근심하던 대로 닥쳤기에, 나는 네가 농사를 지으며 살기를 바랐을 뿐이다. 그것이 죽는 것보다 나을 것이라 여겼기 때문이다. 나는 죽으면 기꺼이 황령(黃嶺)을 넘어 열수(洌水)를 건너갈 수 있을 것이니, 이것이 내가 죽는 것이 사는 것보다 나은 까닭이다. 나는 죽는 것이 사는 것보다 나은데 살아 있고, 너는 사는 것이 죽는 것보다 나은데 죽었으니, 이는 내가 어찌할 수 없는 일이다.

– 『다산시문집』, 묘표(墓表) 중

1802년(순조 2) 11월 30일, 다산 정약용의 딸 농아(農

兒)가 어린 나이에 세상을 떠났다. 정약용은 위의 글을 지음으로써 짧게 살다 간 아이의 삶을 세상에 남기고자 했다. 이는 평소 깊고 교유가 있었던 이기양(李基讓)의 영향이었다. 이기양은 늘 말하길, "자녀 가운데 요절한 자가 있으면, 그들의 생년월일과 이름, 자(字), 모습, 그리고 사망 연월일까지 갖추어 기록해 두어, 뒷사람들이 징험할 수 있도록 하여야 한다"고 했다.

영아 사망률이 높았던 전근대 사회에서 아이가 태어나 무사히 성장한다는 것은 매우 어려운 일이었기에, 왕실에서부터 민가에 이르기까지 요절하는 아이들이 많았다. 따라서 부모가 별도의 기록을 남기지 않는 이상, 죽은 아이들은 세상에 흔적조차 남기기 어려운 존재였다. 정약용 또한 생전에 6남 3녀를 두었지만, 그중 무사히 성장한 자식은 2남 1녀에 불과했다.

그러므로 병을 앓던 아이가 병을 이겨내는 일은 집안의 큰 경사였다. 온 가족은 아이가 탈 없이 회복된 것을 안도하며 이를 기념하기 위해 특별한 문서를 만들어 주었는데, 이것이 바로 '별급문기(別給文記)'라는 기록으로 남았다. 별급문기는 특별한 사유가 있을 때 특정 자손에게 재산을 분재해 주는 문서로, 아래에서 살펴볼 문서는 1714년(숙종 40)에 할아버지 정지녕(鄭志寧)이 손자 택조(宅祚)에게 별급해 준 것이다.

강희 53년(1714, 숙종 40) 갑오 2월 18일 장손 택조(宅祚)에게 별급

이 문서를 작성하는 일은 다음과 같다.

너는 종손으로 다행히 성장하여 올봄에 두창을 잘 넘겼으니 가문의 경사와 기쁨을 어찌 이루 다 말할 수 있겠는가. 이에 너의 조모 쪽으로 몫을 받아 온 상주에 사는 계집종 막개(莫介) 일명 막진(莫眞)의 소생 사내종 계생(庚生) 나이 병진생, 사내종 수명(水明)이 양인 처와의 사이에서 낳은 사내종 북간(北間) 나이 을해생, 사내종 성복(成卜)이 양인 처와의 사이에서 낳은 사내종 성산(成山), 하양 남면 송화리에 사는 사내종 사원(士元) 나이 ○○생, 사원이 양인 처와의 사이에서 낳은 사내종 순걸(順傑) 나이 을묘생, 두 번째 소생 사내종 순발(順發) 나이 계해생, 세 번째 소생 계집종 대진(代進) 나이 무진생, 경산에 사는 계집종 돌생(乭生)의 첫 번째 소생 사내종 말립(唜立) 나이 ○○생, 계집종 돌생(乭生)의 첫 번째 소생 계집종 소옥(小玉) 나이 무진생 등 9구를 특별히 별급함으로써 내 뜻을 나타낸다.

재주 조부 중직대부 행 사옹원 직장 정(鄭)(착명)(착압)

필집 서(庶)오촌숙(五寸叔)통덕랑정중협(鄭重協)(착명)

정지녕은 문종의 딸 경혜공주(敬惠公主)와 정종(鄭悰)

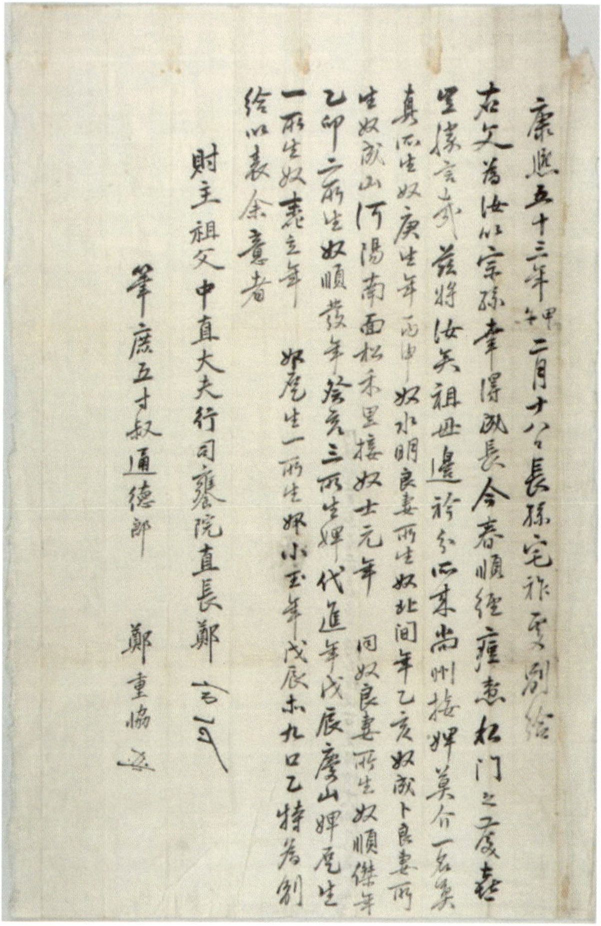

양주 사릉 해주정씨 분재기

의 후손으로, 병조참판을 지낸 정중휘(鄭重徽)의 아들이었다. 후대에 양주에서 세거한 해주정씨 가문은 경혜공주의 봉사손(奉祀孫)이었는데, 당시 이 가문은 자손이 매우 귀했다. 정중휘에게는 정이녕(鄭以寧)과 지녕 두 아들이 있었으나, 장남 이녕이 자손 없이 사망했다. 이에 1697년(숙종 23) 정이녕의 아내 청주경씨(淸州慶氏)와 정지녕이 서로 의논하여, 지녕의 셋째 아들 운희(運熙)를 양자로 삼아 계후(繼後)했다. 정택조는 바로 이 정운희의 외아들이었다.

1708년(숙종 34)에 작성된 정운희의 준호구를 살펴보면, 그의 슬하에는 여덟 살 된 딸과 일곱 살 된 아들 조우(祖祐, 택조)가 있었다. 정운희는 1702년부터 1705년까지 관으로부터 꾸준히 준호구를 발급받았으나, 이 시기의 준호구에는 어린 두 자녀의 기록이 보이지 않는다. 이는 당시 유아 사망률이 높았던 사회적 환경 탓에, 자녀가 어느 정도 성장하기 전까지는 호구단자(戶口單子)에 기입하지 않았던 관행의 영향으로 보인다.

즉, 정중휘, 정이녕, 정운희, 정택조로 이어지는 계보 속에서 정택조는 집안의 종손에 해당한다. 특히 이 무렵은 양조부(養祖父) 정이녕이 사망한 시기였으므로, 이 문서의 작성자인 '재주'는 친조부(親祖父) 정지녕이다. 종손으로서 양가(養家)와 친가(親家)의 관심을 함께 받던 정택조의 회복은 '가문의 경사이자 큰 기쁨'이었을 것이다. 이후 정택조는 스물두 살 전후로 이홍모(李弘模)의 딸 전주이씨와 혼인했다. 2년 뒤인 1725년(영조 1), 시아버지 정운희는 며느리 전주이씨에게 노비 다섯 구와 양주에 있는 논 열 마지기를 별급했다. 별급 이유는 대종가의 자손이 매우 적은 상황에서 어진 며느리를 얻은 기쁨이 이루 다 말할 수 없을 만큼 컸고, 그 마음을 여러 차례 표현하고자 했으나 늦어진 까닭에 뒤늦게라도 정을 전하고자 한 것이었다. 추정컨대 이 시기 정택조와 전주이씨 사이에 자녀가 태어나 별급이 이루어진 것으로 보이나, 이를 뒷받침할 다른 기록이 남아 있지 않아 단정할 수는 없다. 다만 이 무렵 해주정씨 가문에는 좋은 일이 잇달았다. 1726년(영조 2) 10월 16일 정택조가 진사 3등 제64인으로 입격했고, 1728년에는 득남의 경사를 맞았다.

> 옹정 6년(1728, 영조 4) 무신 6월 초10일 아들 진사 택조(宅祚)에게 별급하고 작성한 문서
> 이 문서를 허여(許與)하는 일은 다음과 같다.
> 내 나이가 이미 50에 가까우나 단지 너 한 사람만 있고, (너에게) 오래도록 후사가 없어 밤낮으로 후사를 바랐는데 지금 다행히 아들을 얻으니 마음의 기쁨에 어찌 끝이 있겠는가. 이에 양주에 사는 죽은 계

집종 순례(順禮)의 1소생 계집종 개야지(介也之) 나이 ○○생, 가야지(加也之)의 소생 사내종 귀련(貴連) 나이 ○○생, 계집종 점생(占生) 나이 ○○생, 계집종 개자이(介者伊) 나이 ○○생, 계집종 명월(明月)의 소생 사내종 영만(英萬) 나이 무진생, 경상도 창원에 사는 죽은 계집종 복춘(卜春)의 2소생 계집종 득춘(得春), 득춘의 2소생 계집종 돌덕(乭德) 나이 ○○생, 돌덕의 소생 사내종 여회(汝會) 나이 ○○생, 사내종 오광(五光) 나이 ○○생, 사내종 여종(汝宗) 나이 ○○생, 사내종 원태(遠太) 나이 ○○생, 사내종 순태(順太) 나이 ○○생, 사내종 여한(汝汗) 나이 ○○생, 계집종 복춘(卜春)의 8소생 계집종 막금(莫今), 막금 소생의 사내종 귀발(貴發) 나이 ○○생, 사내종 귀선(貴先) 나이 ○○생, 사내종 승업(承業) 나이 ○○생, 사내종 승학(承鶴) 나이 ○○생, 계집종 예금(禮今) 나이 ○○생, 사내종 자선(子先) 나이 ○○생, 사내종 만봉(萬奉) 나이 ○○생, 계집종 숭덕(崇德) 소생의 사내종 갯동(介叱同) 나이 ○○생, 사내종 봉이(奉伊) 나이 ○○생, 사내종 갯동이 양인 처와의 사이에서 낳은 사내종 광일산(廣日山) 나이 ○○생, 사내종 현덕(玄德) 나이 ○○생, 계집종 원진(遠眞) 나이 ○○생, 계집종 원단(遠丹) 나이 ○○생, 칠원에 사는 죽은 사내종 복상(卜尙)이 양인 처와의 사이에서 낳은 사내종 일생(一生), 일생이 양인 처와의 사이에서 낳은 1소생 계집종 명금(命今) 나이 ○○생, 명금 소생 계집종 시덕(時德) 나이 ○○생, 사내종 원봉(遠奉) 나이 ○○생, 사내종 일생의 2소생 계집종 영금(英今)의 소생 사내종 음전(飮傳) 나이 ○○생, 사내종 일생의 3소생 계집종 명대(命代) 나이 ○○생, 명대의 소생 사내종 조음금(助音金) 나이 ○○생, 사내종 석정(右丁) 나이 ○○생, 사내종 몽기리(蒙其里) 나이 ○○생 등 전후 소생 아울러 영원히 허급함으로써 내 뜻을 나타내니 오래도록 부릴 것.

재주 아버지 통덕랑 정(鄭) (서압)

1728년에 정운희의 나이는 49세였고, 정택조는 27세였다. 기다리던 손자의 탄생 소식에 정운희는 노비 36구를 아들에게 허급하며 남아 출생의 기쁨을 표현했다. 이때 태어난 아이의 족보상 이름은 순양(淳養)이었으나, 집안에서는 '포남(抱男)'이라 불렀던 것으로 보인다. 1741년(영조 17)에 발급된 준호구에 따르면, 정택조의 아들 이름은 포남(당시 14세)으로 기록되어 있다. 이는 별급문기가 작성된 무신년과 준호구 속 포남이의 태어난 해가 무신년으로 동일하기 때문이다. '품에 안고 다니는 아들'이라는 뜻을 지닌 포남이는 안타깝게도 27세에 세상을 떠났다.

1747년 정택조의 준호구에 따르면 포남이는 순양(당시 20세)이라는 본이름으로 개명되어 있고, 이미 혼인을 한 상태여서 아내 전주이씨(당시 21세)와 함께 등장한다. 이때 처음으로 정택조의 또 다른 아들 순경(淳慶, 당시 10세)의 존재가 관문서를 통해 확인된다. 그러나 불행하게도 정순양은 1753년의 준호구를 마지막으로 더 이상 기록에서 찾아볼 수 없다. 1759년 정택조의 준호구에는 며느리 전주이씨(당시 33세)만 홀로 나타날 뿐이다. 따라서 정순양은 1753년에서 1759년 사이, 즉 1754년 무렵 이미 사망한 것으로 보인다. 이는 1754년 4월 종숙(從叔)과 척숙(戚叔) 등이 작성한 정순양의 제문을 통해 확인된다.

결국 정택조의 살아남은 자손은 차남 정순경 한 사람뿐이었다. 정순경은 정택조가 순양을 낳은 지 10년 만에, 자신의 나이 37세에 얻은 아들이었다. 1755년(영조 31)에 정순경이 18세가 되어 혼인하자, 정택조는 늦둥이 아들이 장가들어 새며느리를 맞이한 일을 집안의 큰 경사로 여겼다. 그는 기쁨의 뜻으로 아들 순경에게 노비 11구를 허급했다. 당시 54세였던 정택조에게 어린 아들이 장가드는 일은 안심되고 대견한 일이었지만, 동시에 후사에 대한 걱정도 뒤따랐을 것이다. 장남 순양도 혼인한 지 얼마 지나지 않아 세상을 떠났고, 차남 순경이 자식을 낳더라도 손자가 무사히 성장하기까지는 넘어야 할 고비가 많았기 때문이다.

18세기를 살았던 정택조에게나 21세기를 살아가는 우리에게나, 자손은 그 무엇과도 바꿀 수 없는 소중한 존재이다. 옛말에 아내를 잃으면 홀아비, 남편을 잃으면 과부, 부모를 잃으면 고아라 하지만, 자식을 잃은 사람을 부르는 말은 따로 없다고 한다. 그만큼 자식을 잃은 부모의 슬픔은 헤아릴 수 없었다. 그러나 여러 사정으로 인해 모든 부모가 일찍 세상을 떠난 자식의 기록을 남길 수는 없었다. 하지만 잊으려 해도 잊을 수 없는 존재가 죽은 아이였기에, 아픔을 겪은 뒤 새로운 아이가 태어났을 때 진심으로 축하하고, 병이 회복되었을 때 뛸 듯이 기뻐하며 별급문기를 작성해 주었던 것이다.

출생하고 성장하며 혼인하여 자식을 낳고 살아가는 일상만으로도 벅찼던 시대, 그 속에서 세상의 모든 아이는 저마다의 이유로 소중했다. 옛 문서 속에서 당시 사람들이 자식에게 품었던 마음 한자락을 엿볼 수 있는 이유가 바로 여기에 있다.

권이선

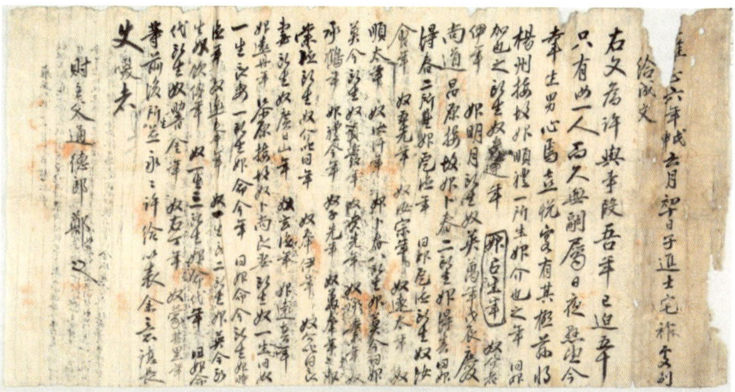

양주 사릉 해주정씨 분재기

9.

계몽편, 글자를 배웠으면 짧은 글이라도 쓸 줄 알아야지

태어나 한 사람이 된다는 것은 부모가 물려준 육신만으로 이루어지는 일이 아니라, 당시의 문화 또한 빠뜨릴 수 없다. 문화는 육신과 일체를 이루며 정신에 구체성을 부여하는 요인이 된다. 아이는 자라면서 몸의 기능을 익히고, 동시에 부모의 말과 행동을 따라 하며 정신을 일깨운다. 정신의 능력을 더 깊이 발휘하려면 말을 배우는 것에 그치지 않고, 문자를 익혀야 한다. 눈에 보이는 사물과 그 쓰임을 명료하게 인식하고, 눈에 보이지 않는 것까지도 마음속으로 그려볼 수 있는 생각의 힘을 키워야 하기 때문이다. 글자를 배운 뒤에는 낱글자들의 관계를 익혀 문장을 만들고, 더 나아가 책을 읽고 글을 쓸 줄 아는 단계로 나아가게 된다.

조선시대 아이들이 『천자문(千字文)』이나 『명물소학(名物小學)』으로 글자를 익힌 다음, 문장 학습을 위해 읽던 교재 가운데 하나가 바로 『계몽편(啓蒙篇)』이다.

『계몽편』은 19세기 초, 조선의 오랜 역사 속에서도 비교적 늦게 등장한 책이다. 지은이가 명확히 알려지지 않아 일반적으로는 '작자 미상'으로 본다. 그러나 당시 아동 교육에 힘쓴 장혼(張混, 1759~1828, 본관 결성, 자 원일, 호 이이엄)을 저자로 보는 견해도 있다. 지은이를 둘러싼 이런 논의 자체가 흥미로운 연구 주제가 된다.

『계몽편』은 조선시대뿐 아니라 그 이후에도 꾸준히 읽혀 왔으며, 한문을 배우는 이들에게는 지금까지도 손에 익은 책이다. 20세기 초에는 '국민독본'이라 불릴 정도로 널리 읽혔다고 한다. 이 책은 수편(首篇)·천편(天篇)·지편(地篇)·물편(物篇)·인편(人篇) 등 다섯 편으로 구성되어 있다. 각 편의 문장은 짧고 내용이 쉬우며, 생활과 밀접한 주제들이 담겨 있어 많은 독자가 즐겨 읽었다.

다만 여기서 말하는 '생활에 긴요한 내용'은 단순히 일상의 세세한 정보를 다룬 것이 아니다. 유교 문화권의 기본적인 세계관을 담은, 어찌 보면 실용보다는 철학에 가까운 내용이다. 이 글에서는 『계몽편』의 내용을 간략히 살펴본 뒤, 저자 문제와 더불어 현재 전해지는 다양한 이본들이 어떤 특징을 지니는지 살펴보려 한다.

먼저 전체 내용을 총괄하는 「수편」은 112자로 이루어진 단편이지만, 책 전체의 사상을 응축하고 있

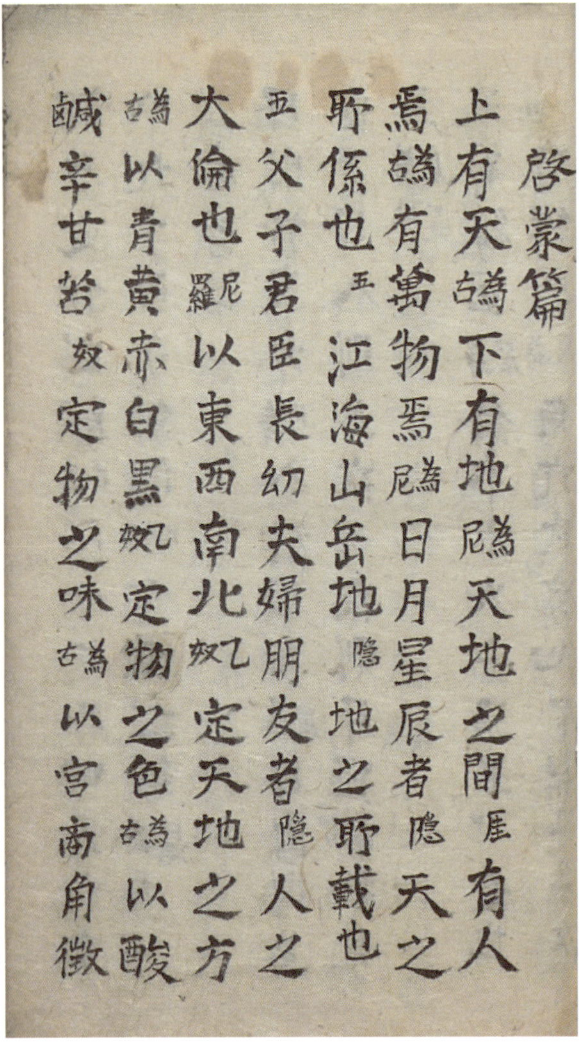

啓蒙篇

上有天爲古下有地爲尼天地之間厓有人焉爲古有萬物焉爲尼日月星辰者隱天之所係也五江海山岳地隱地之所載也五父子君臣長幼夫婦朋友者隱人之大倫也尼羅以東西南北奴乙定天地之方爲古以青黃赤白黑奴乙定物之色爲古以酸鹹辛甘苦奴定物之味爲古以宮商角徵

『계몽편』, 「수편」 부분
(인동장씨 연복군 종가 기탁)

다. 다음 내용에서는 이해를 돕기 위해 임의 번호를 붙였다.

> 위로는 하늘이 있고 아래에는 땅이 있으니, 하늘과 땅 사이에 사람이 있고, 만물이 있다. ①해와 달과 별은 하늘에 매달려 있는 것이고, ②강과 바다와 산은 땅에 실려 있는 것이고, ③아버지와 자식, 임금과 신하, 어른과 어린이, 남편과 아내, 벗은 사람의 큰 차례이다. ④동서남북으로 천지의 방위를 정하고, 푸른색, 노란색, 붉은색, 흰색으로 만물의 색을 정하고, 신맛, 짠맛, 매운맛, 단맛, 쓴맛으로 만물의 맛을 정하고, 궁상각치우로 만물의 소리를 정하고, 1, 2, 3, 4, 5, 6, 7, 8, 9, 10, 천(10^3), 만(10^4), 억(10^8)으로 만물의 수를 다한다

「수편」의 첫 문장인 "위로는 하늘이 있고 아래에는 땅이 있으니, 하늘과 땅 사이에 사람이 있고, 만물이 있다"는 말은 한자문화권 우주론의 알파와 오메가라 할 만하다. 유교문화권에서 태어난 아이들이 처음 배우는 글자는 『천자문』의 "천지현황(天地玄黃)"이었고, 『명물소학』의 "천지부모(天地父母)"였다. 문장을 익히는 과정에서도 언제나 '천지'로부터 시작해, 천지 사이에서 문명을 일구며 살아가는 인간의 삶으로 끝맺는

것은 하나의 정형화된 학습 패턴이었다.

과학혁명 이후 근대 세계는 '지구 전체'를 과학적 세계관 속에서 하나의 합리적 인식으로 통합했다. 그러나 근대 이전의 세계는 그렇지 않았다. 각 문명권마다 고유한 색채의 우주론이 있었고, 그것이 곧 세계를 바라보는 틀을 결정지었다. 서구 문명은 지중해 주변의 여러 문화가 서로 영향을 주고받다가 기독교적 세계관으로 집약되었다. 하늘에는 천국이, 땅 아래에는 지옥이 있으며, 그 사이에 인간의 세상이 존재한다고 보았다. 인도 문명 또한 비슷한 구조를 가졌으나, 생명을 가진 존재가 다양한 세계를 끊임없이 윤회한다는 독특한 사상을 덧붙였다.

반면 동아시아에서는 지하 세계를 별도의 공간으로 설정하지 않았고, 생명의 윤회에 대해서도 명확한 입장을 제시하지 않았다. 이는 공자가 『논어』「선진」에서 "사람을 제대로 섬기지 못하면 어찌 귀신을 섬기겠느냐?", "삶을 모르면 어찌 죽음을 알겠느냐?"라고 말한 데서 비롯된 것으로 보인다. 이로부터 동아시아의 세계관은 천지라는 하나의 공간 안에서 모든 생명과 현상을 포괄하는 구조로 형성되었다. 이승도 천지이고, 저승 역시 천지 안의 일부이며, 천국과 지옥조차 천지 밖으로 내보내지 않았다. 그 결과 인간의 존재는 천지와 더불어 우주의 한 축으로 격상되는 독특한 구조를 이루게 된다.

이러한 우주론은 '천지인(天地人)'의 삼위일체적 질서로 정식화된다. 이를 '삼재(三才)'라 하여, 천지와 인간, 우주를 구성하는 세 가지 근본 요소로 보았다. 천지는 인간보다 상위의 존재로 여겨지지만, 인간이 천지에 단순히 종속된 것은 아니다. 인간은 천지의 생명 창조 활동에 동참하여 그 자체로 '삼위(三位)'를 이룬다. 이처럼 인간을 우주의 중심에 두는 사고는 일종의 인간중심주의적 세계관을 형성했다. 그러나 이것은 근대적 인간주의처럼 자연을 단순한 물질로 보고 이용 대상으로 여기는 태도와는 전혀 다르다. 오히려 인간은 생명력으로 충만한 천지자연 속에 스며들어 있으며, 그 질서와 조화를 이루는 존재이다. 따라서 인간의 가치는 독선적으로 드러나지 않고, 오히려 자연의 일부로서 그 조화 속에서 빛난다. 이러한 사유 구조 속에서 인간은 대자연의 흐름 속에 매끄럽게 이어진 한 부분으로 존재한다. 인간은 자연의 질서를 거스르는 이물질이 아니라, 생명의 맥락 속에서 '이음새 없는 조화'를 이루는 존재다. 『계몽편』「수편」은 이러한 동아시아적 세계관을 짧은 문장 속에 응축하여 보여준다.

①은「천편」의 내용을 압축하고 있다.「천편」은 하늘의 일을 다루지만, 그것은 단순한 천문학적 서술이

아니다. 이미 인간의 삶이 그 안에 포함되어 있기 때문이다. 하루, 한 달, 열두 달, 한 해, 사시(四時), 윤달 등 인간의 시간 단위들이 말없는 하늘의 무늬처럼 하늘 속에 새겨져 있다. 하늘은 단순히 물리적 공간이 아니라 인간과 함께 호흡하며 시간의 질서를 짜 넣는 생명적 세계인 것이다.

> 하루 낮과 밤 안에 12시(時)가 있으니, 12시가 모여서 하루가 되고, 30일이 모여서 한 달이 되고, 열두 달이 모여서 1년을 이룬다. … 봄의 기온은 조금 따뜻하고, 가을의 기온은 조금 서늘하다.
>
> -「천편」 중

② 「지편」은 무한정한 대지의 실상과 하늘이 서로 작용하면서 만들어내는 기상현상과 기후를 설명하고 있다. 여기에 땅을 딛고 살아가는 인간 문명의 토대를 밝히고 있다. 이곳은 인간의 삶에 절대적인 영향을 미치는 땅의 힘을 오행(五行)의 원리로 파악하여 정식화하고 있다.

> 산과 바다의 기운이 올라가 하늘의 기운과 서로 어우러지면 구름과 안개를 일으키고 비와 눈을 내리며, 서리와 이슬이 되며, 바람과 우레가 발생한다.

> … 옛날의 성왕(聖王)이 들을 구획하고 토지를 나누어 나라를 세우고 도읍을 설치 … 오행은 상생(相生)의 도(道)가 있으며 … 또한 상극(相克)의 이치도 있다. … 상극하는 권세를 잡아 상생하는 물건을 이용할 수있는 것은 사람의 공로이다.
>
> –「지편」 중

③은 「인편」이다. 본래의 순서로는 사물을 다루는 「물편」이 앞서 오지만, 「수편」에서는 「인편」을 먼저 요약하고 있다. 「인편」의 글은 자연의 현상에 질서가 있듯이, 인간의 세상에도 질서가 있으며 그것은 인위적인 것이 아니라 자연스러운 것이라는 생각을 담고 있다. 현대의 관점에서 보면, 인간의 도덕과 윤리 같은 당위의 세계가 자연 세계에서 도출된다고 보는 것은 오류로 여겨진다. 본질적으로 활성이 없는 자연의 객관적 세계에서 인간의 가치가 생겨난다고 주장하는 것은 과학적 세계관과 양립하기 어려운, 비논리적인 말로 받아들여지기 때문이다. 그러나 『계몽편』의 세계에서 인간의 도덕과 윤리는 자연과 분리된 것이 아니라, 그 자체로 자연의 질서 속에서 비롯된 것이다.

이러한 생각은 오늘날 지배적인 세계관과 충돌하지만, 현대 과학의 신경생리학이나 심리학 일부에서는 이에 공명하는 작은 목소리가 들려오고 있다. 이런 점에서 전통 동양 사상이 첨단 과학과 새로운 방식으로 만날 수 있는 가능성이 있다. 지나간 것이 오히려 미래의 자원이 된다는 온고지신(溫故知新)의 지혜가 바로 여기에 있다. 그렇다면 그 작은 목소리는 '천둥의 침묵'처럼 조용하지만 강한 울림을 주는 역설적인 소리일 것이다.

> 만물 가운데 오직 사람이 가장 영특하기 때문에 부자간의 친함이 있으며, 군신 간의 의리가 있으며, 부부간의 구별이 있으며, 장유 간의 차례가 있으며, 붕우 간의 신의가 있다 … 몸과 마음을 수렴하는 것은 구용(九容)보다 더 절실한 것이 없으며 … 학문에 나아가고 지혜를 더함에는 구사(九思)보다 더 절실한 것이 없다.
>
> -「인편」중

오륜(五倫)은 자연의 질서가 인간 세상으로 확장된 것이다. 더욱 중요한 점은 천지인의 삼재 가운데 '인(人)'은 단순한 보통의 인간을 가리키는 것이 아니라, 천지의 위상에 걸맞게 성장하여 특별한 인격을 갖춘 존재라는 데 있다. 천지와 더불어 조화를 이루며 그 뜻에 동참할 수 있는 인격을 흔히 성인(聖人)이라 부른다. 이 성인에 이르는 길은 두 가지로 제시된다. 첫째는 몸과 마음을 하나로 모으는 길이다. 이는 구용(九容)이라 불리는 아홉 가지 몸가짐과 마음가짐에 있는 것이 곧 절도 있는 언행(言行)을 실천함으로써 도달할 수 있다. 둘째는 학문을 닦는 길이다. 학문은 구사(九思)라 하는 아홉 가지 사유의 방도를 통해 지혜를 확장하고 고양한다.

'구용'이나 '구사'에서 핵심은 '아홉'이라는 숫자가 아니라, 인간은 스스로의 가능성을 끊임없이 개발해 인격을 완성해야 한다는 점이다. 자연의 질서가 조화로운 패턴을 이루듯, 인간 또한 삶의 매 순간 몸과 마음을 조화롭게 발휘해야 한다. 이것이 곧 '구용'의 뜻이다. 그리고 공자가 강조했듯, 배움만이 인간이 맛볼 수 있는 최고의 열락(悅樂)이다. "배우고 때때로 익히면 또한 즐겁지 아니한가(學而時習之, 不亦說乎)"라는 말이 바로 그것이다. 여기서 말하는 열락은 다른 문명권에서 신과의 합일을 통해 얻는 무상(無上)의 황홀경이나, 무위(無爲)의 명상에서 오는 평정함이 아니다. 배우고 익히는 과정을 통해 인간의 몸과 마음이 자연의 질서와 일치할 때, 그 조화 속에서 저절로 흘러나오는 기쁨이 바로 최고의 열락이다.

④는 「물편」이다. 인간과 함께 살며 인간의 생명을 유지시켜 주는 동물과 식물, 그리고 삶에 필수적인 사

물들의 쓰임을 설명하고 있다.

> 하늘을 나는 새는 알을 낳아 날개로 품고, 달리는 짐승은 태(胎)로 낳아 젖을 먹이며, 나는 새는 둥지에서 살고, 달리는 짐승은 굴에서 살며, 벌레와 물고기들은 변태를 거쳐 생기는 것이 가장 많은데, 또한 물과 습한 땅에서 많이 자란다. … 벼, 조, 기장, 피는 제사의 제물로 바치는 것이고, 팥, 콩, 보리 등의 곡식은 또한 사람의 목숨을 기르는 물건이 아닌 것이 없다. 그러므로 온갖 풀 가운데 곡식이 가장 중요하다.
>
> -「물편」 중

천지자연은 만물을 낳고 길러내며, 인간은 그 산물을 인간다운 생각의 힘으로 경영하고 이용한다.

> 규격을 갖춘 단위로 사물의 길이를 헤아리고, 사물의 무게를 재고, 사물의 양을 헤아린다. 만물의 수를 계산하는 것은 구구단보다 편한 것이 없다.
>
> -「물편」 중

이러한 내용들은 이 문화 속에서 태어난 인간의 정신에 구체성을 부여하고, 삶의 방향과 목적을 설정하는 데 큰 영향을 미친다. 앞으로 아이는 『계몽편』을 읽으면서 점차 정신이 일깨워져 갈 것이다.

『계몽편』은 순한문본과 언해본 두 형태로 전해진다. 책이 언제, 누구에 의해 만들어졌는지 명확하지 않기 때문에, 현재로서는 어떤 판본이 원본인지를 알 수 없다. 한문본과 언해본이 동시에 만들어졌는지, 혹은 어느 쪽이 먼저인지도 확실하지 않다. 이러한 점을 규명하는 일 역시 흥미로운 연구 주제라 할 수 있다.

지은이에 대해서도 논란이 있다. 작자를 알 수 없다는 견해가 일반적이지만, 장혼을 지은이로 보는 주장도 있다. 장혼은 조선 후기 이른바 중인 문화를 선도한 인물로, 생전에 『아희원람(兒戲原覽)』과 같은 아동용 교재를 지었다. 다만 그를 저자로 단정하기 어려운 이유는, 그 근거가 근세에 간행된 결성장씨(結城張氏) 족보에만 기록되어 있기 때문이다. 만약 장혼이 실제 지은이라면, 그의 저술이나 동시대 문인의 기록에도 언급이 있어야 할 터이지만 그런 자료가 확인되지 않는다. 그렇기에 학자들은 신중한 입장을 취한다. 그러나 이 또한 충분히 탐구할 만한 흥미로운 연구 주제다.

장혼이라는 인물 자체도 매우 독특하다. 학식이 높고 글재주가 뛰어났지만 신분의 벽에 막혀 좌절을 겪은 독서인이자 시인이었다. 그럼에도 절망적인 현실 속에서 삶의 의미를 스스로 자각하려 애썼다는 점에서 역사적 조명을 받을 만하다. 그는 그 자각의 과정에서 아동 교재를 저술하는 지적 활동을 펼쳤고, 이러한 시도는 여러 측면에서 연구 가치가 크다. 『계몽편』은 신분 상승의 욕망과 교육의식을 반영한 '중인 자제의 교육'이라는 맥락 속에서도 살펴볼 수 있을 것이다.

『계몽편』의 언해본은 전해지는 종류가 매우 많아 100종이 넘으며, 일부는 해외 도서관에도 소장되어 있다. 조선 말기와 근대의 여명기에 서당 교육의 핵심 교재로 널리 쓰였던 만큼, 당시 아동 교육의 실태와 교육 현장을 복원하는 데에도 귀중한 자료가 된다.

철학적으로도 『계몽편』은 중요한 의미를 지닌다. 이 책은 동아시아의 대표적 우주론이 응축된 저술로, 『주역(周易)』과 『중용(中庸)』 같은 유교 경전은 물론, 도가(道家) 사상의 핵심을 함께 아우르고 있다. 작지만 깊은 함의를 담고 있는 책이라 할 수 있다. '계몽(啓蒙)'이란 말 그대로 '몽(蒙)'을 깨우치는 것이다. '몽'은 어둠이자 미숙함이다. 『계몽편』은 아이들이 이 글을 읽으며 어둠에서 벗어나 밝은 곳으로 건실하게 성장하길 바라는 뜻을 담고 있다.

현대를 사는 우리의 어둠은, 이 광대한 우주 속에서 인간의 지위가 한없이 작아졌다고 느낄 때 찾아온다.

그러나 『계몽편』의 세계관에서 인간은 결코 미미한 존재가 아니다. 인간은 우주 속에서 특별한 지위를 지닌 존재이다. 이 철학에 공감한다면, 어른이든 아이든 지금 당장 『계몽편』을 펼쳐 들어야 한다.

이창일

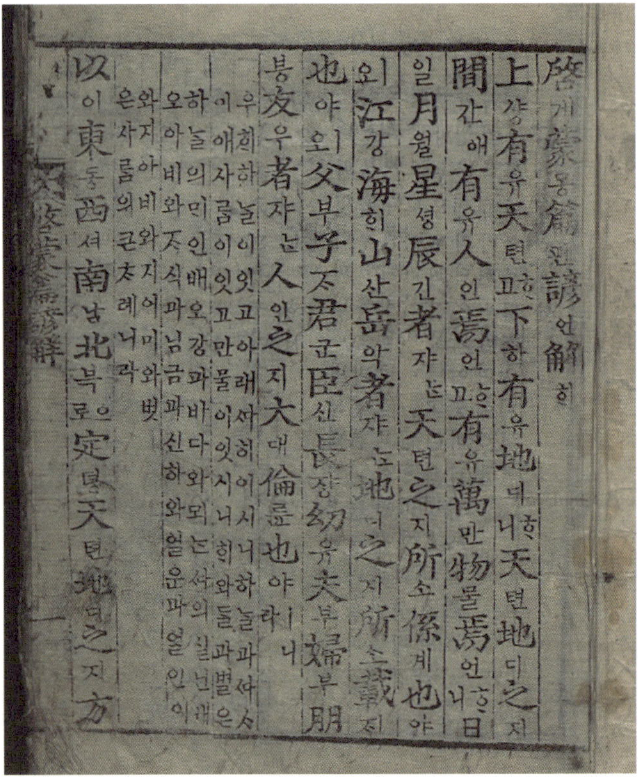
啓계蒙몽篇편諺언解ᄒᆡ

上샹有유天텬ᄒᆞ고下하有유地디ᄒᆞ니天텬地디之지間간애有유人인焉언ᄒᆞ고有유萬만物물焉언ᄒᆞ니日일月월星셩辰진者쟈ᄂᆞᆫ天텬之지所소係계也야ㅣ오江강海ᄒᆡ山산岳악者쟈ᄂᆞᆫ地디之지所소載ᄌᆡ也야ㅣ오父부子ᄌᆞ君군臣신長댱幼유夫부婦부朋붕友우者쟈ᄂᆞᆫ人인之지大대倫륜也야ㅣ니라

우희ᄒᆞᄂᆞᆯ이잇고아래ᄯᅡ히이시니하ᄂᆞᆯ과ᄯᅡᄉᆞ이예사ᄅᆞᆷ이잇고만물이잇시니ᄒᆡ와ᄃᆞᆯ과별은하ᄂᆞᆯ의ᄆᆡ인배오강과바다와뫼ᄂᆞᆫᄯᅡ의실닌배오아비와ᄌᆞ식과님금과신하와얼운과얼인이와지아비와지어미와벗은사ᄅᆞᆷ의큰ᄎᆞ례니라

以이東동西셔南남北븍으로定뎡天텬地디之지方

『계몽편언해(啓蒙篇諺解)』(太華書館 발행, 1915), 「수편」 부분
(김포 의령남씨 서윤공 남두장 후손가 기탁)

10.
승려의 토지 매매명문, 시주로 세운 절집 이야기

조선시대의 국가는 유교를 근본으로 삼아 불교를 억제하는 숭유억불(崇儒抑佛) 정책을 펼쳤다. 그 결과 승려는 팔천(八賤), 즉 사노비·승려·백정·무당·광대·상여군·기생·공장 등 사회적 신분의 최하층에 속하는 존재로 인식되었다. 따라서 승려는 도성 출입이 제한되고, 토지를 사고파는 일 또한 금지된 것으로 알려져 왔다. 그러나 최근 연구 결과, 조선시대의 승려들은 생각보다 훨씬 자유로운 경제활동을 했던 것으로 밝혀지고 있다. 도성을 드나드는 일이 비교적 자유로웠을 뿐 아니라, 자신의 의사에 따라 토지를 매매하기도 했다.

그렇다면 이렇게 형성된 승려들의 재산은 그들이 입적한 뒤 누구에게 전해졌을까? 또 불가에 귀의한 승려들은 왜 세속의 재산인 토지를 구입했을까? 이러한 궁금증을 풀기 위해, 여기 다섯 건의 승려 토지 매매명문(賣買明文)을 통해 그들의 삶과 경제활동의 단면을 살펴보고자 한다.

① 1732년 승려 옥민의 토지 매매명문

옹정 10년(1732, 영조 8) 임자년 2월 13일 승려 옥민(玉敏)에게 주는 명문

이 명문을 작성하는 일은 다음과 같다. 이번에 큰 흉년을 만나 살아갈 길이 어렵기 때문에 하동(下東) 7작(作)에 소재한 자호가 경자(慶字)인 논으로 두락수가 10마지기, 결부수는 24복 6속인 곳을 상전(上典)의 배자[牌字]에 따라 전문(錢文) 16냥으로 값을 정하여 수대로 정확히 받고 본문기(本文記)를 첨부하여 위 사람에게 영구히 방매한다. 뒷날에 혹시라도 잡담하는 경우가 있다면 이 문서를 가지고 관청에 신고하여 바로잡을 일이다.

답주 김석벽(金石璧) 〔좌촌〕

증인 전만명(田萬明) 〔착명〕

필집 선이문(宣以文) 〔착명〕

제시된 명문은 1732년(영조 8) 2월 13일, 김석벽(金石璧)이 승려 옥민(玉敏)에게 논을 팔면서 작성한 토지 매매명문이다. 1731년(영조 7)과 1732년 연이어 흉년이 들어 백성들의 삶은 극도로 어려웠다. 굶주림에 시달

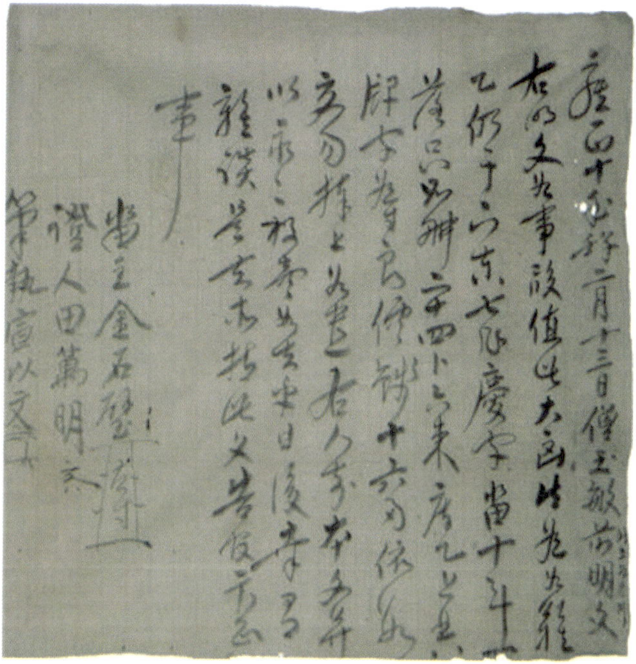

1732년 승려 옥민의 토지 매매명문

린 이들이 범죄에 내몰릴 정도로 사회 전반이 혼란스러웠다. 이런 상황 속에서 김석벽은 생계를 유지하기 위해 하동의 논을 전문(錢文) 16냥에 승려 옥민에게 매도했다.

그런데 옥민은 같은 해 11월, 이 논을 전문 20냥에 전만명(田萬明)에게 다시 팔았다. 매도 사유는 '이매(移買)', 즉 다른 지역에 있는 토지를 새로 사기 위해서였다. 옥민은 단순히 생계형 매매가 아니라, 더 나은 토지 경영을 위한 자산 재편을 시도한 것이다. 연속된 흉년으로 백성 대부분이 삶의 터전을 잃던 시기에, 한 승려가 능동적으로 토지 거래를 통해 경제활동을 이어갔다는 점은 매우 이례적이다.

그렇다면 승려 옥민은 어떻게 이런 토지 경영이 가능했을까? 일반적으로 조선시대 승려는 『고려사(高麗史)』 식화지(食貨志) 전제조(田制條)에 따라 개인 토지 소유가 금지된 것으로 알려져 있다. 그러나 이러한 금지는 주로 여말선초에 한정된 것이었다. 1460년(세조 6) 이후부터는 토지 매매 제한이 점차 완화되었고, 15세기 말 무렵에는 승려 역시 일반 백성과 마찬가지로 자유롭게 토지를 사고팔 수 있었다.

이 시기부터 승려들은 자신이 매득한 토지의 소유권을 공식적으로 인정받았으며, 때로는 그 재산을 친족에게 상속하기도 했다. 다음 소개할 또 다른 토지 매매명문은 한 승려가 여성 조카에게 자신의 토지를 물려준 사례이다.

② 1690년 승려 석웅의 토지 매매명문

강희 29년(1690, 숙종 16) 경오 2월 28일 승려 석웅(釋熊)에게 작성해준 명문

이 명문을 작성하는 일은 다음과 같다. 제 숙부는 승려로 스스로 매득한 논 곳을 (제가) 몫으로 물려받아 갈아 먹었으나 제가 가난하여 간절히 사용할 곳이 있었다. 그래서 자호가 이자(李字)인 논 2마지기 부수는 4복 4속 곳을 위 사람에게 값을 정조전(正租全) 11섬으로 쳐서 수대로 교역하여 받았고, 본문기(本文記) 1장은 아울러 영구히 방매한다. 뒷날에 아무개 족류(族類) 중에 잡담하는 사람이 있거든 이 문기로 관청에 신고하여 바로잡을 일이다.

답주 여성 금향(今香)〔우촌〕

증인　나의일(羅儀一)〔착명〕

증보 자승(子僧) 영암(靈岩)〔착명〕

필집 준건(俊健)〔착명〕

금향(今香)의 숙부는 승려였다. 그는 생전에 자신이 매득한 논을 여성 조카 금향에게 물려주었다. 금향은

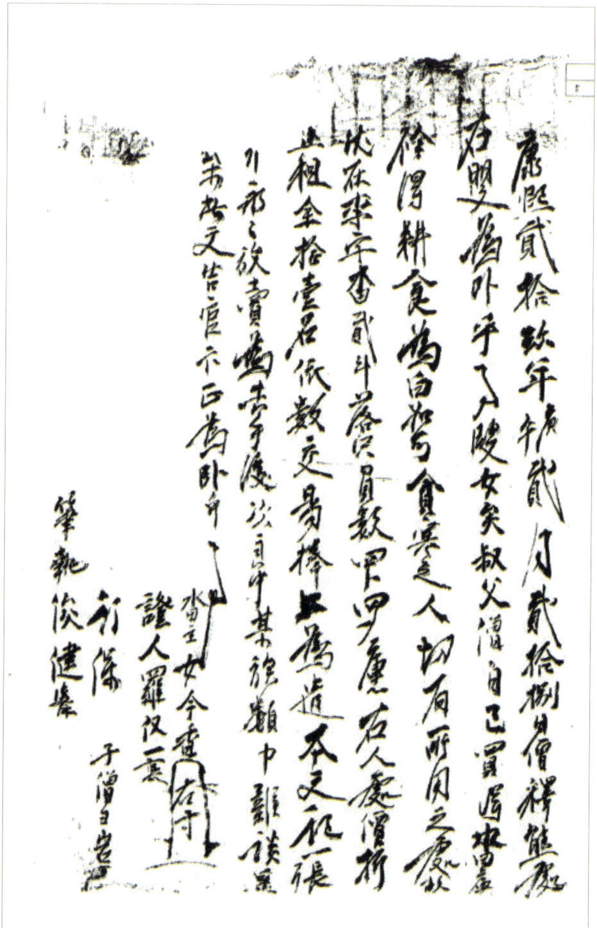

1690년 승려 석웅의 토지 매매명문

이 논을 받아 직접 경작하며 생계를 이어갔지만, 형편이 넉넉하지 못해 결국 그 논을 팔 수밖에 없었다. 매수자는 승려 석웅(釋熊)이었으며, 자승(子僧) 영암(靈岩)이 증인이자 보증인으로 참여했다. 흥미로운 점은 금향이 논을 판 대상이 승려였고, 그 논의 원소유자도 승려였다는 사실이다. 정황상 이 논은 숙부로부터 혈연관계를 통해 조카에게 잠시 이전되었다가, 다시 숙부가 속한 승문(僧門)으로 환원된 것으로 보인다.

이 사례는 조선 후기 승려들이 불가에 귀의한 뒤에도 본가(本家)와의 인연을 완전히 끊지 않고, 혈연과 승문 사이를 오가며 재산을 관리했던 모습을 보여준다. 이제 1704년(숙종 30)에 김필홍(金必弘)이 큰형이자 승려인 처익(處益)에게 작성해 준 또 다른 토지 매매명문을 살펴보자.

③ 1704년 승려 처익의 토지 매매명문

> 강희 44년(1704, 숙종 30) 갑신 1월 17일 큰형 승려 처익(處益)에게 작성해 준 명문
> 이 명문을 작성하는 일은 다음과 같다. 제 큰 삼촌이 90여 년을 살며 살아생전에 불사(佛事)에 사용할 재물을 맡겼으나 (제가 살아갈 길이) 부족했기 때문에 정조전(正租全) 25섬 값으로 쳐서 위 논을 매득하여

갈아 먹었습니다. 그러다가 긴히 사용하기 위해서 토지면에 있으며 구정자원(九亭子員)에 있는 자호가 내자(柰字)인 논 6마지기, 추가로 논 1마지기 부수 20복 4속 곳을 아울러 값을 전문(錢文) 100냥으로 쳐서 수대로 교역하여 받고 위 승려에게 본문기(本文記) 아울러 영구히 방매합니다. 아무개 동생 상좌(上佐)와 자손 중에 꾀를 내서 잡담하는 자가 있거든 이 문기의 내용으로써 관청에 신고하여 바로잡을 일입니다.

답주 김필홍(金必弘) 〔착명〕

증인 승려 법린(法隣) 〔착명〕

증보 승려 보명(普明) 〔착명〕

필집 승려 도원(道元) 〔착명〕

방매자 김필홍(金必弘)과 매득자 승려 처익(處益)은 형제 관계로 보인다. 문서의 첫 줄에서 처익을 '큰형'이라 지칭하고 있기 때문이다. 김필홍의 집안은 불심이 깊었다. 그의 큰삼촌은 90여 년을 살며 장수한 뒤, 불사(佛事)에 쓰라며 논 몇 마지기를 절에 시주했다. 그러나 세월이 흘러 김필홍이 생계에 어려움을 겪게 되자, 큰삼촌이 절에 맡겼던 구정자원의 논을 다시 찾아 정조(正租) 25섬에 해당하는 값을 치르고 매득하여 경작했다. 본가의 자손이라 하더라도, 한 번 시주된 절의 토지를 되찾기 위해서는 일반 매매와 마찬가지로 정

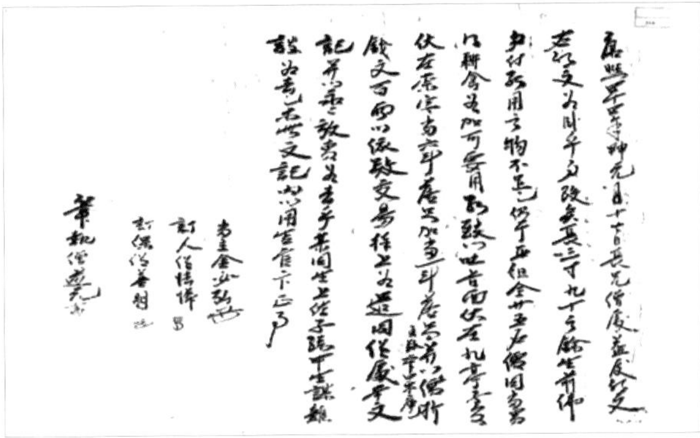

1704년 승려 처익의 토지 매매명문

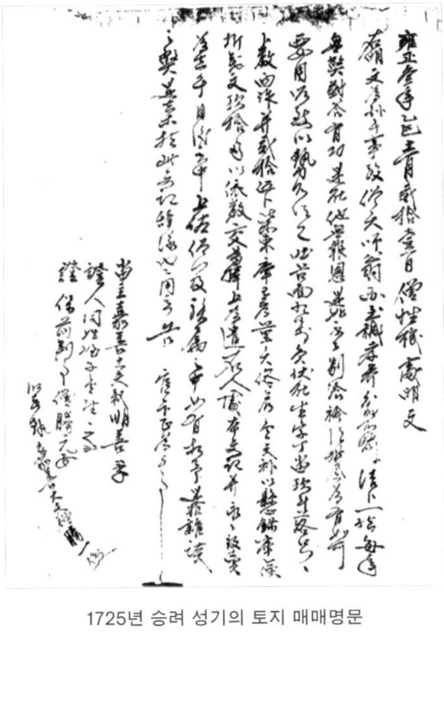

1725년 승려 성기의 토지 매매명문

당한 대가를 지불해야 했다.

이후 김필홍이 급히 자금을 마련해야 할 일이 생기자, 그는 이 논을 큰형이자 승려인 처익에게 다시 팔았다. 아마도 처익이 속한 승문과 큰삼촌이 생전에 시주했던 절이 같은 승문에 속했을 것으로 추정된다. 즉, 한때 불사로 시주되었다가 세속 자손이 되찾은 토지가 다시 그 승문으로 환원된 것이다.

④ 1725년 승려 성기의 토지 매매명문

> 옹정 3년(1725, 영조 1) 을사년 12월 21일 승려 성기(性機)에게 작성해 준 명문
> 이 명문을 작성한 일은 다음과 같다. 제가 스승인 사옹(師翁)에게 지극한 정성으로 효로써 봉양했을 뿐만 아니라 결부 1결을 매년 폐단 없이 대답(對答)한 공이 있으나, 달리 은혜를 갚을 수 없다며 별급(別給)으로 몫을 나누어주어 갈아 먹었습니다. 그러다가 요긴하게 사용하기 위해 형세가 부득이하여 토지면 구만원에 있는 자호가 생자(生字)인 정답(丁畓) 9마지기 부수(卜數)는 2작 아울러 25복 7속 곳과 기해년 양안(量案)에 제 속세의 이름인 김문복(金文福)으로 기록된 곳을 값을 전문(錢文) 90냥으로 쳐서 수대로 교역하여 받고 위 사람에게 본문기(本文記) 아

울러 영원히 방매합니다. 뒷날에 상좌 승문(上佐僧門)과 족속 중에서 만약 서로 다투며 시비, 잡답의 폐단이 있다면 이 문기를 지니고 내용으로써 관청에 신고하여 바로잡을 일입니다.

답주 가선대부(嘉善大夫) 불가[釋] 명선(明善) 〔착명〕

증인 동성 조카 김망지(金望之) 〔착명〕

증보 전 판사(前判事) 승려 승원(勝元) 〔착명〕

필집 가선대부 승려 승일(勝一) 〔착명〕

승려들은 혈연관계뿐 아니라, 같은 승문 내에서도 토지를 물려주는 경우가 있었다. 명선(明善)은 그 대표적인 사례이다. 그의 속세 이름은 김문복(金文福)으로, 스승 사옹(師翁)을 극진히 모셨다. 그는 스승의 일상뿐 아니라, 스승이 소유한 토지에서 나오는 결부(조세 수입)를 관리하고 수세(收稅)하는 일에서도 뛰어난 능력을 보였다. 사옹은 제자의 공로를 인정하여 구만에 있는 자호가 생자인 논을 명선에게 별급했다.

명선은 이 논을 성실히 경작했으나, 부득이한 사정으로 이를 승려 성기(性機)에게 팔았다. 이 매매에는 승려 승원(勝元)과 명선의 동성 조카 김망지(金望之)가 증인으로, 승려 승일(勝一)이 필집으로 참여했다. 주목할 점은 방매자 명선과 필집 승일이 모두 '가선대부'라는 품계를 지니고 있었다는 것이다.

⑤ 1783년 승려 채원의 토지 매매명문

건륭 48년(1783, 정조 7) 계묘 3월 15일 가선대부 승려 채원(采元)에게 작성해 준 명문

이 명문을 작성하는 일은 다음과 같다. 제 아버지가 살아 계실 때 스스로 매득한 논을 여러 해 동안 갈아 먹었습니다. 그러다가 집안의 운세가 불행하여 제 아버지가 돌아가신 후에 초상(初事)과 장사(葬事) 할 때에 상채(喪債)를 감당하기 어려웠기 때문에 형세가 부득이하여 구례 토지면 당산평원에 있는 자호가 함자(鹹字)인 논 128내 동쪽으로 아래에 있는 논 19복 1속, 5배미 4마지기 곳과 또 동쪽 가 중간에 있는 자호가 동자(同字)인 논 129 5부 9속 길이는 1배미 3마지기 두 곳을 아울러 합쳐 논에서 실제 수확량이 7마지기로 부수는 합쳐 25부 곳을 값을 전문(錢文) 140냥으로 쳐서 수대로 교역하여 받고 위 사람에게 본문기(本文記)를 아울러 영원히 방매합니다. 뒷날에 아무개 동생 자손 중에 만약 잡담 하는 자가 있거든 앞으로 이 문기로써 관청에 신고하여 바로잡을 일입니다.

답주 이덕삼(李德三) 〔착명〕

증인 가선대부 이신적(李信迪) 〔착명〕

필집 황성징(黃聖澄) 〔착명〕

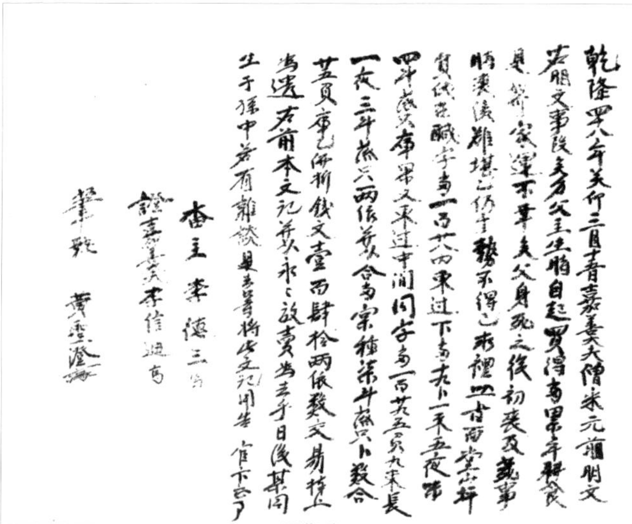

1783년 승려 채원의 토지 매매명문

조선시대 승려들은 공명첩(空名帖) 발급을 통해 품계를 가질 수 있었다. 1783년(정조 7)에 작성된 토지 매매명문은 이러한 제도의 실상을 잘 보여준다. 위 문서에 따르면, 가선대부의 품계를 지닌 승려 채원(采元)이 이덕삼(李德三)으로부터 논을 매득했다. 이덕삼은 부친 대부터 경작해 오던 논을 팔 수밖에 없었는데, 부친의 장례를 치르느라 큰 빚을 지게 되었기 때문이다. 당시 채원은 전문 140냥이라는 상당한 값을 치르고 이 논을 매득했다.

흥미로운 점은, 채원뿐 아니라 앞서 언급된 명선 등 다른 승려들도 모두 가선대부라는 품계를 가지고 있었다는 사실이다. 그러나 이들의 품계는 실제 관직을 수행한 실직(實職)이라기보다, 조정이 재정 확보를 위해 발급한 공명첩을 통해 얻은 것이었다. 18세기 들어 정부는 사찰이나 승사(僧舍) 건립 등의 재원을 마련하기 위해 공명첩을 대량으로 발급했으며, 이러한 제도를 통해 승려들은 일정한 신분상의 권위를 부여받게 되었다.

이처럼 조선시대 승려들은 흔히 알려진 통념과 달리, 비교적 자유롭게 토지를 매득하고 소유할 수 있었다. 또한 자신이 매득한 토지를 본가의 자손이나 다른 승려에게 물려주는 일도 있었다. 일부 승려는 상당한 자본력을 보유하여, 전국적으로 흉년이 들어 백성들이 토지를 내던질 때 오히려 그 토지를 사들이기도

했다. 승려들 중 일부는 공명첩 획득을 통해 가선대부 같은 품계를 가지고도 있었다. 다만, 이러한 현상을 승려들의 보편적 사례로 보기는 어렵다.

앞서 살펴본 여러 고문서 사례는 조선시대 승려들이 자유로운 의지로 토지나 공명첩을 구입하며 경제 활동을 전개했음을 보여준다. 이러한 승려들의 매득이 가능했던 근본적인 이유는, 승가(僧家)의 재산이 결국 승가로 귀속되는 구조에 있었다. 예를 들어 승려가 자신의 조카에게 토지를 물려주더라도, 훗날 그 친족이 이를 팔 때에는 숙부가 속했던 승문으로 다시 환원되는 경우가 많았다. 즉, 시주와 매매를 통해 형성된 승려들의 토지는 그들의 일상생활과 사찰 운영에 이용되었다. 1708년(숙종 34) 주지승 처익(處益)이 화재로 소실된 승당(僧堂)을 재건하기 위해 자신이 매득하여 소유하고 있던 토지를 시주한 사례는 이를 잘 보여준다. 결국 승려들의 자산은 단순한 생계 수단을 넘어, 사찰의 재정과 불교 공동체의 지속성을 떠받치는 경제적 토대였다.

권이선

3부
옛 문서 규탐
窺 眈

흥미롭게 엿본 기록의 세계

1.
고문서집성, 한국사 연구의 첫걸음

고문서란 무엇인가? 이 물음에 대한 답은 연구자의 시각에 따라 다양하게 달라질 수 있으며, 실제로도 여러 방식으로 정의되고 있다. 필자는 고문서를 '통치 시스템(control system)의 구체적 발현'이라고 본다. 건물로 비유하자면 청사진(blueprint)이고, 요리로 비유하자면 레시피(recipe)이며, 음악으로 비유하자면 악보(樂譜)에 해당한다. 이처럼 고문서는 한 정치체(政治體)의 작동 원리와 구조를 이해할 수 있는 가장 기본적이고 직접적인 사료라 할 수 있다.

한국학중앙연구원 장서각의 고문서 사업은 1978년 한국정신문화연구원 개원과 함께 시작되었다. 그 성과는 『고문서집성』 간행으로 구체화되었으며, 2025년 말 기준으로 정서본을 포함해 총 130권이 발간되었다. 『고문서집성』은 단순히 책으로 간행되는 데 그치지 않고, 현재는 〈한국고문서자료관〉에 업로드되어 누구나 검색하고 열람할 수 있도록 공개되어 있다. 이 글에서는 고문서와 역사 해석의 관계를 보여주는 몇 가지 사례를 통해『고문서집성』이 지닌 의의와 그 가치에 대해 다시금 되돌아보고자 한다.

① 동학혁명과 소지

1892년 말 고부군수로 부임한 조병갑은 이전의 지방관들처럼 갖가지 명목으로 백성들을 수탈했다. 특히 수리(水利) 시설에 과중한 세금을 부과하여 백성들의 청원을 받게 되었다. 당시 군수 조병갑에게 소지(所志)를 올린 장두(狀頭)가 바로 동학접주 전봉준이었다. 그러나 청원은 받아들여지지 않았고, 그 결과 봉기의 불씨는 타올랐다.

이 사건은 역사적으로 '동학농민운동'이라 불리지만, 여기에서는 '천명(天命)을 바꾼다'는 뜻에서 '동학혁명(東學革命)'이라 부르기로 한다. '혁명'이라는 표현에는 단순한 봉기가 아니라 통치 질서 자체를 뒤흔든 사건이라는 의미가 담겨 있기 때문이다.

이처럼 동학혁명의 직접적 원인은 조병갑의 탐학에서 찾을 수 있다. 그러나 문제를 조병갑 개인의 일탈로만 돌릴 수 있을까? 전봉준이 백성들과 함께 연명으로 올린 '소지'에 주목해 보자. 조선시대에는 공무(公務)가 아닌 일로 관부(官府)에 문서를 올려 청원하는 것을 관습적으로 소지라 했다. 소지는 상서(上書), 발괄[白活],

단자(單子), 원정(原情), 상자(上刺), 등장(等狀), 의송(議訟) 등 다양한 명칭으로 불렸다. 이러한 다양성은 소지가 공문서(公文書)가 아니라 사문서(私文書)의 성격을 지녔기 때문이다. 사문서는 공문서와 달리 명칭이나 형식이 법적으로 규정되지 않아, 필요에 따라 같은 목적의 문서라도 여러 이름이 사용되었다.

소지는 일반적으로 청원자가 본문을 작성해 올리면, 관부에서 처분 내용을 적은 제사(題辭)를 써서 답한다. 이어 처분 담당자인 성주(城主, 지방관)가 착압(着押)을 하고 관인(官印)을 찍어 청원자에게 돌려주는 구조로 되어 있다.

우선 경주 경주이씨 독락당(獨樂堂)에 소장된 소지 1점을 예로 들어보자. 석문은 다음과 같다.

1769년(영조 45) 李成樑 議訟

01) 慶州幼學李成樑

02) 右謹言切迫情由段, 矣身以爲祖先卞誣事, 至於鳴寃, 有啓下嚴查之敎, 而應問各人等囚禁是如可, 依營題, 並姑放送是如乎,

03) 舊城主卽爲還朝敎是遣, 新城主今已莅任是乎則, 一番查決, 在所不已是乎等以, 玆敢仰訴爲去乎, 急急查報之意乙, 參商

04) 分付爲只爲,

05) 行下向教是事,

06) 使道主 處分,

07) 己丑正月 日.

[題辭]

08) 新府尹到任

09) 屬耳民事, 又

10) 寧須洞, 自有

11) 查處之日向事.

12) 初九日.

13) 兼使(着押) 都事

이 문서는 소지 가운데서도 성주가 아닌 관찰사 겸 순찰사에게 올린 '의송'에 해당한다. 지방관에게 낸 청원이 받아들여지지 않자, 상급 관청인 관찰사에게 재심을 청한 것이다. 1행에서 7행까지는 본문으로 해서(楷書)로 쓰였고, 8행에서 13행까지는 제사(題辭)로 초서(草書)로 작성되어 있다. 선조의 무고에 대해 성주에게 먼저 소지를 올렸으나 만족할 결과를 얻지 못하자, 다시 관찰사에게 재심을 요청한 것이다. 이 문서는 1769년(영조 45)에 작성된 것이다. 13행에 적힌 '겸사(兼使)'는 '관찰사겸순찰사(觀察使兼巡察使)'의 약칭이며, 그 아래에 '도사(都事)'라는 직명이 보인다. 도사는 원래 조선 초기에 관찰사의 부관으로서 문서 결재에도 참여했으나, 16세기에 이르면 이 문서처럼 '도사'의 초서 생략형으로만 남고 실제 결재권은 행사하지 않았다. 이는 조선 전기까지는 장관과 차관이 함께 문서를 결재했으나, 16세기 이후에는 장관만이 결재를 담당하게 되면서 차관의 착관(着官)이 형식적으로만 유지되었음을 보여준다.

다시 동학혁명으로 돌아가 보자. 동학혁명의 표면적 원인은 조병갑의 탐학이었지만, 보다 근본적으로는 조선시대 지방관 제도의 구조적 문제에서 비롯되었다고 할 수 있다. 컵에 물이 가득 차면 지푸라기 하나만 떨어져도 넘친다. 조병갑이 지푸라기였다면, 물을 채운 것은 조선의 통치 구조였다. 이러한 구조적 원인은 중앙에서 파견된 지방관이 모든 행정 문서를 단독으로 결재하면서도 이를 견제할 제도적 장치가 없었던 데 있었다. 결국 지방관은 말 그대로 한 성(城) 안에서 전제(專制)할 수 있는 존재였던 것이다.

이러한 전제적 권력 구조는 국왕에게도 예외가 아니었다. 율곡 이이의 『성학집요(聖學輯要)』는 군주의 학문서로 알려져 있는데, 그 핵심은 군주의 수양에 관한 내용이다. 이는 군주의 전제가 극단으로 흐르는 것을 방지하기 위한 장치였다. 군주의 전제가 통제되지 않을 경우, 그 끝은 연산군과 광해군의 사례처럼 파국으로 치닫는다. 이런 이유로 다산 정약용의 『목민심서(牧民心書)』는 지방관의 도리와 책임을 다룬 대표적인 저서로 높이 평가된다. 특히 제목의 '심(心)' 자에 주목할 필요가 있다. 지방관의 복무가 제도적 규범보다 그의 '마음'—즉, 내면의 도덕적 자각—에 달려 있음을 강조하기 때문이다. 결국 조선의 통치 시스템에서 군주의 '성학(聖學)'과 지방관의 '심서(心書)'는 서로를 보완하며 국가 운영의 근간을 이루었다.

② 신권과 고신

앞서 소지의 사례를 통해 고문서가 한 정치체의 구조를 드러낼 수 있음을 간략히 살펴보았다. 이번에는 또 다른 예를 들어보자. 『경국대전(經國大典)』에 따르면, 조선시대의 임명문서는 '고신(告身)'이라 규정되어 있다. 관원의 임명 절차는 여러 단계의 논의를 거쳐 이루어졌으며, 최종적으로는 품계에 따라 임명 주체가 달랐다. 즉, 4품 이상은 국왕이 직접 임명하고, 5품 이하는 이조와 병조를 거쳐 임명하도록 『경국대전』에 명시되어 있다. 국왕이 4품 이상의 관리를 직접 임명한다는 것은 곧 중앙과 지방의 장관 및 차관을 모두 국왕이 임명할 권한을 가진다는 뜻이다.

1595년(선조 28) 4품 이상 朴毅長 告身

01) 敎旨

02) 朴毅長, 爲

03) 嘉善大夫·

04) 慶州府尹

05) 者.

06) 萬曆二十三年十月 日.

1595년(선조 28) 10월에 발급된 이 고신은 박의장을 경주부윤(慶州府尹)으로 임명한 문서이다. 경주부윤은 종2품에 해당하므로, 이는 선조가 직접 임명한 것이다. 이러한 양식의 문서는 조선시대 4품 이상 관원의 고신이 지닌 전형적인 형태를 잘 보여준다.

역사학계에서는 정치사 연구 과정에서 군주권(君主權)과 신권(臣權)의 대립이라는 개념이 제기된 바 있다. 그러나 과연 군주권에 맞설 만한 신권이 실제로 존재했을까? 중종반정 이후 출사하여 유교 정치의 이상을 실현하고자 했던 조광조의 사례를 보면 그렇지 않았음을 알 수 있다. 그가 꿈꾸었던 이상정치는 중종의 마음이 바뀌는 순간 무너져 버렸다. 조선의 통치 시스템은 본질적으로 국왕의 전제(專制)에 기반을 두고 있었으며, 이는 고신에서도 엿볼 수 있다.

③ 『고문서집성』의 의의

한국학중앙연구원 장서각의 고문서 사업과 『고문

서집성』 시리즈에 대해서는 이미 여러 연구에서 잘 정리되어 있다. 따라서 여기서는 특히 주목할 만한 두 가지 점을 살펴보고자 한다.

첫째, 『고문서집성』의 편찬은 국제 아카이브의 기본 원칙인 '원질서의 원칙(original order)'에 따라 이루어졌다는 점이다. 고문서 정리에서 이 원칙을 지키지 않으면, 문서는 단순한 낱장 자료로 전락할 위험이 있다. 전통시대의 고문서는 연호 대신 간지(干支)만을 기록한 경우가 많아 연대를 정확히 특정하기 어렵다. 연대를 확정할 수 없는 문서는 역사 연구에서 신뢰할 만한 사료로 활용되기 힘들다. 이러한 점에서 아카이브의 원칙에 따라 체계적으로 정리·간행된 『고문서집성』은 그 자체로도 큰 역사적 의미와 가치를 지닌다.

둘째, 『고문서집성』은 고문서의 독자적 분류 체계를 확립했다는 점이다. 1994년 한국정신문화연구원은 윤병태·박옥화·장순범 공저로 『한국고문서정리법(韓國古文書整理法)』을 간행하여 고문서 분류의 표준안을 제시했다. 이 책에 수록된 '고문서분류표'는 이후 『고문서집성』 발간의 기본 기준이 되었으며, 전국의 고문서 소장 기관에서도 이를 준거로 삼아 자료를 정리했다.

『고문서집성』은 한국학 연구 지형에도 깊은 영향을 미쳤다. 역사학과 고문서학은 물론, 법제사·제도사·민속학·인류학 등 다양한 분야에서 핵심 자료로 활용되며 학문 발전에 크게 기여했다. 또한 경상도의 한국국학진흥원, 전라도의 한국학호남진흥원 등 여러 공공기관에서도 고문서를 본격적인 연구 대상으로 다루게 되었으니, 그 영향력을 실감할 수 있다.

이제 한국학 연구는 『고문서집성』을 빼놓고는 논의될 수 없게 되었다. 앞으로는 세계사적 관점에서 『고문서집성』의 특수성과 보편성을 새롭게 자리매김하고, 이를 다양한 해석의 토대로 삼아 한국학의 저변을 더욱 넓혀가는 과제가 남아 있다.

심영환

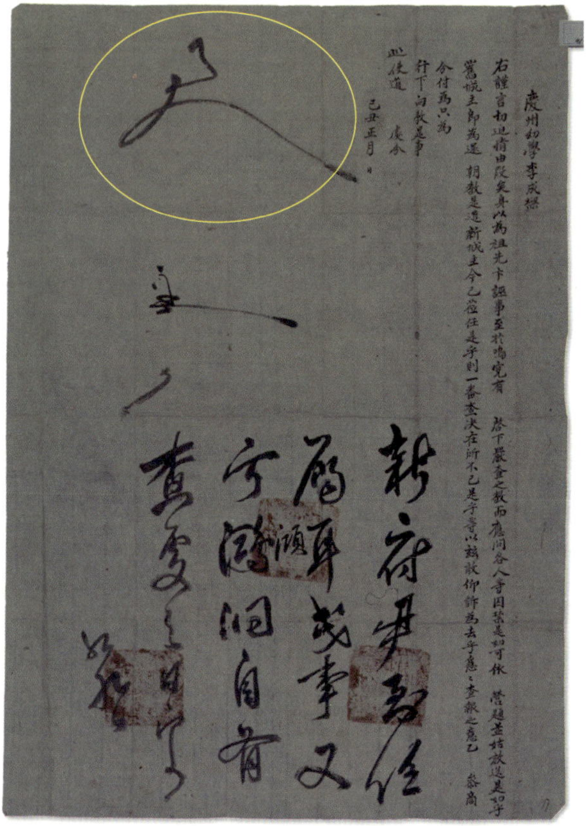

1769년(영조 45) 이성량 의송과 도사(표시 부분)

2.

방목, 이름으로 남은 시험의 역사

방목(榜目)은 과거 시험의 합격자 명단을 성적순으로 적어놓은 명부를 말한다. 『고려사』「선거지(選擧志)」 '과목(科目)'에는 시험별 장원 명단이 실려 있으나, 이것은 방목이라 할 수 없다. 방목은 합격자 전원의 성명을 성적순으로 나열하여 기록한 명단을 가리킨다.

과거 시험이 끝나면 합격자 명단을 게시하여 발표하는 출방(出榜)이 거행되었다. 이어 길일을 택해 합격증서인 홍패(紅牌)나 백패(白牌)를 수여하는 방방(放榜, 唱榜)이 열렸다. 방목이 언제부터 만들어졌는지는 명확히 알 수 없지만, 조선 전기에는 개인 문집이나 후손들에 의해 작성된 방목이 전해진다. 조선 후기로 가면 운각(芸閣, 교서관)에서 공식적으로 방목을 간행했다.

과거 합격자 명단인 방목은 형태와 내용에 따라 몇 가지 유형으로 나뉜다. 우선 형태에 따라 크게 네 가지로 구분할 수 있다. 첫째는 단회방목(單回榜目)으로,

한 차례 시험의 합격자만을 기록한 것이다. 생원·진사 합격자를 적은 사마방목(司馬榜目), 문과·무과 급제자를 적은 문무과방목(文武科榜目) 등이 이에 속한다. 고려시대에도 이러한 단회방목이 존재했으며, 문과 단회방목과 사마 단회방목 각 1종이 현전한다.

단회방목에는 일정한 투식(套式), 즉 형식이 있다. 보통 한 사람의 합격자를 세 줄로 기록하는데, 양자(養子)로 갔다면 생부(生父)를 추가해 네 줄이 된다. 첫 번째 행에는 전력과 성명, 작은 글자로 나란히[小字雙行] 자(字)와 생년을 적고, 그 아래에 본관과 거주지를 기재한다. 두 번째 행에는 아버지의 관직과 이름(성 생략)을 적는다. 관직명이 길어 행을 넘기더라도 한 행으로 본다. 세 번째 행에는 부모의 생존 여부를 적고, 이어 형제 관계[鴈行]를 소자쌍행으로 기입한다.

1407년(태종 7)의 첫 중시(重試) 문과와 1410년(태종 10)의 첫 중시 무과를 제외하면, 문과와 무과는 대부분 문무대거(文武對擧)로 같은 해에 시험을 치렀다. 이 때문에 문과·무과 단회방목은 앞뒤로 붙여 편찬되었다. 그중 식년시(式年試)나 증광시(增廣試)의 경우, 문무과 급제자 명단 뒤에 잡과(雜科) 합격자 명단을 함께 수록하기도 했다.

둘째는 종합방목(綜合榜目)으로, 여러 회의 합격자를 연대순·시험순으로 모아 엮은 것이다. '종합방목'이라는 명칭은 조선시대에 쓰이던 말은 아니며, 단회방목에 대응하는 현대적 편의어이다. 조선 초부터 문과 급제자를 왕대별로, 시험별·등위별로 정리한 책들이 이에 해당한다. 대표적으로 『국조방목(國朝榜目)』, 『국조문과방목(國朝文科榜目)』, 『등과록(登科錄)』 등이 있으며, 잡과 합격자를 수록한 『잡과방목(雜科榜目)』, 사마시 합격자를 정리한 『국조연방(國朝蓮榜)』 등이 있다. 잡과 종합방목에는 역과(譯科)·의과(醫科)·음양과(陰陽科)·율과(律科) 합격자가 함께 수록되었다. 조선의 문과방목을 정리하면서 고려시대 문과 급제자를 모은 고려문과 종합방목도 편찬되었다.

종합방목에는 일정한 투식이 없으며, 찬자의 의도에 따라 구성 방식이 달랐다. 『국조문과방목』은 현전하는 종합방목 가운데 가장 완전한 판본으로 꼽힌다. 『국조방목』(규장각한국학연구원) 역시 급제자의 부·조부·증조부·외조부·처부 등 가계 정보를 충실히 기록했다. 반면 『국조방목』(국립중앙도서관)은 단회방목처럼 부(父)만을 적었으며, 『국조방목』(장서각)은 두 방식을 절충한 형태를 보인다.

셋째는 단과방목(單科榜目)으로, 한 가지 시험과목의 합격자만을 모아 엮은 것이다. 잡과방목의 한 종류인 역과방목(譯科榜目, 象院榜目), 의과방목(醫科榜目), 음양과방목(陰陽科榜目, 雲科榜目), 율과방목(律科榜目) 등이 있다.

연번	형태	내용
1	단회방목	문과방목, 무과방목, 사마방목, 잡과방목
2	종합방목	문과방목, 사마방목, 잡과방목
3	단과방목	역과방목, 의과방목, 음양과방목, 율과방목
4	단독방목	문과방목, 무과방목

방목의 종류(형태별, 내용별)

각각 통역관, 의관, 천문과 역법, 법률 관계 관원을 선발하는 시험의 합격자 명단이다.

넷째는 단독방목(單獨榜目)이다. 여기서 '단독'이라 함은 문과와 무과가 함께 치러지는 대거(對擧)가 아니라, 한쪽 과목만 따로 실시된 시험을 의미한다. 조선 전기에는 무과가 시행되지 않았던 시기에 문과만 실시된 4회의 시험과 최초의 중시 문과·무과를 포함한 총 6회의 단독 시험이 있었다. 또한 임진왜란 중에는 문과 시험 없이 무과만 약 20회 단독으로 시행되었다.

방목은 어떤 과거 시험의 합격자를 기록했는가에 따라 구분할 수도 있다. 고려문과방목, 고려사마방목, 문과방목, 무과방목, 사마방목, 생원시방목, 진사시방목, 잡과방목, 역과방목, 의과방목, 음양과방목, 율과방목 등이 그것이다.

이밖에 여러 시험의 방목을 한 권으로 묶은 합철본

(合綴本) 방목도 있다. 합철본 방목은 여러 단회방목을 모아 제본한 형태로, 시기별 혹은 과목별 방목을 한 눈에 볼 수 있도록 구성된 것이다.

이재옥

① 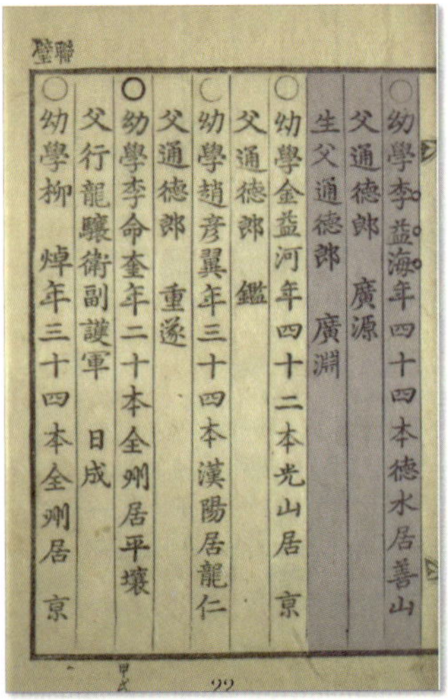

幼學李益海年四十四本德水居善山
父通德郞 廣源
生父通德郞 廣淵
幼學金益河年四十二本光山居 京
父通德郞 鑑
幼學趙彦翼年三十四本漢陽居龍仁
父通德郞 重遂
幼學李命奎年二十本全州居平壤
父行龍驤衛副護軍 日成
幼學柳 焯年三十四本全州居 京

② 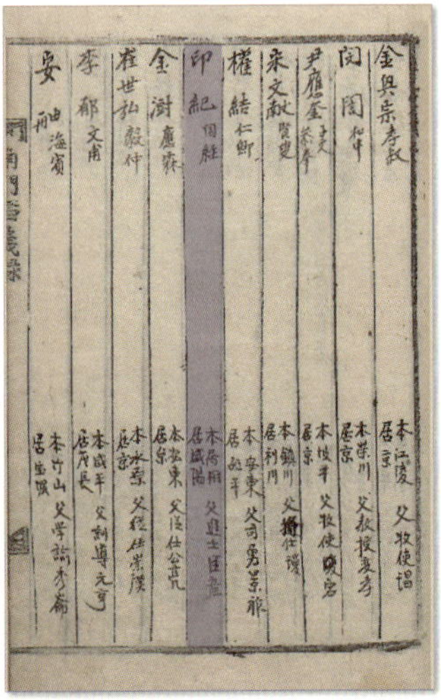

③ 

다양한 단회방목

① 1773년 증광 사마(2행), ② 1531년 식년 사마(1행), ③ 1564년 식년 사마(1장)

①

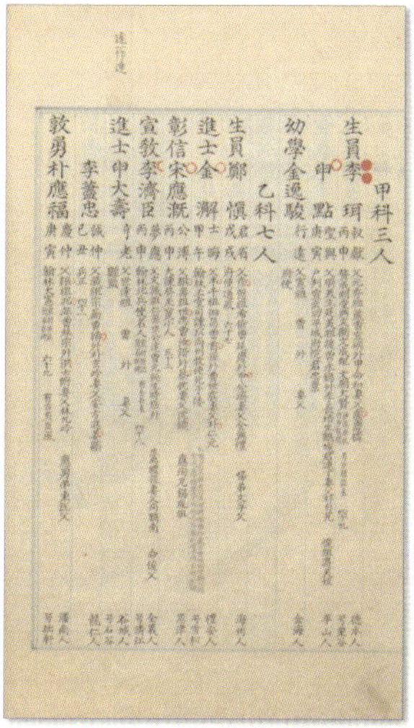

甲科三人
生員李珥
申點
幼學金逸駿
乙科七人
生員鄭愼
進士金澥
彰信宋應漑
宣敎李濟臣
進士申大壽
李養忠
敎勇朴應福

②

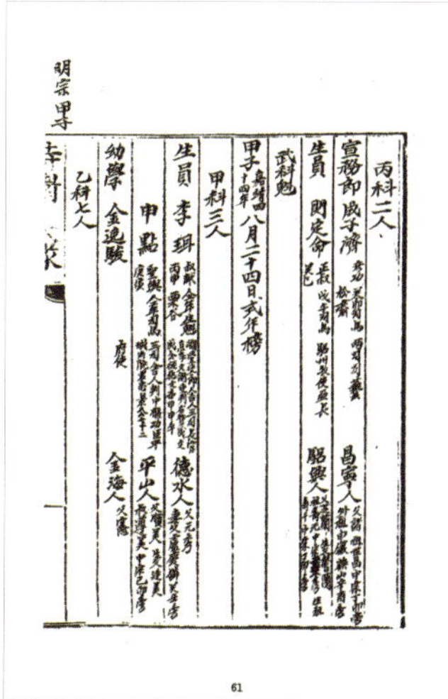

明宗甲子
丙科二人
宣務郎成子濟 昌寧人
生員 閔定命 驪興人
武科魁
甲子 嘉靖四十三年 八月二十四日式年榜
甲科三人
生員 李珥 德水人
申點 平山人
幼學 金逸駿 金海人
乙科七人

61

③

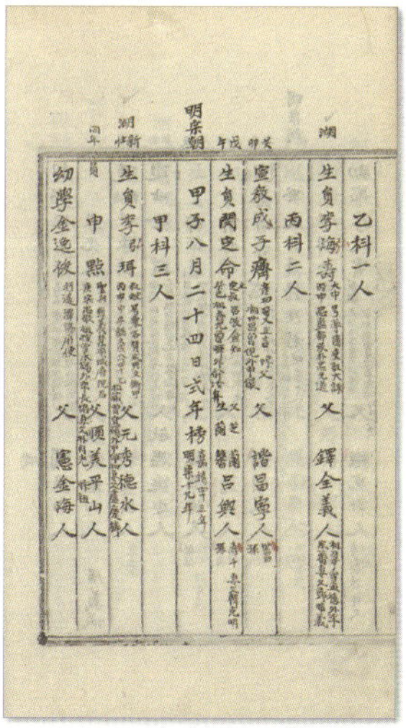

明宗朝
乙科一人
生員李海壽 父 鐸 全義人
丙科二人
宣敎成子濟 父 諧 昌寧人
生員閔定命 驪興人
甲子八月二十四日式年榜
甲科三人
生員李珥 父 元秀 德水人
申點 父 禎美 平山人
幼學金逸駿 父 憲 金海人

종합방목
① 규장학한국학연구원본, ② 국립중앙도서관본, ③ 장서각본

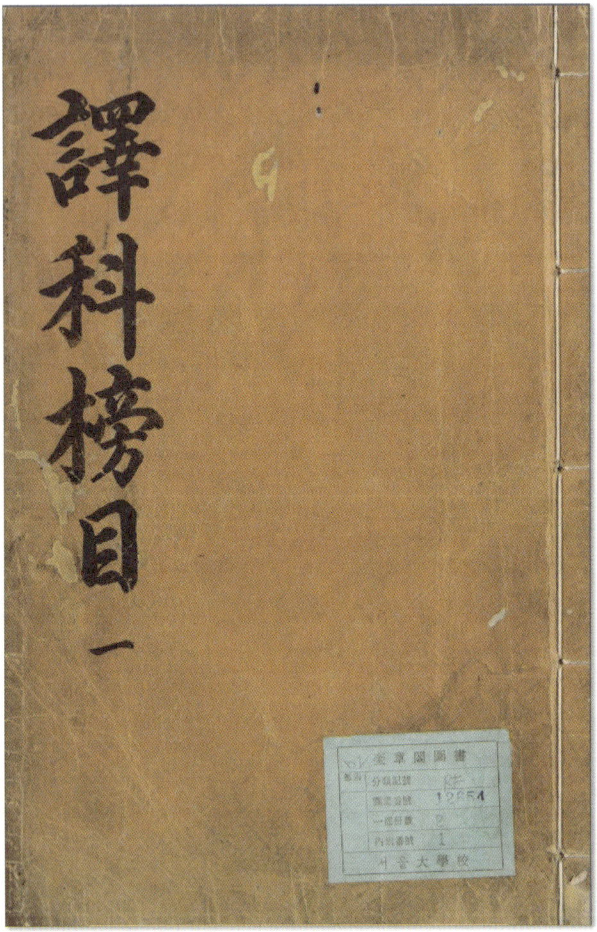

단과방목(역과방목)

3.

고대일본 문서, 율령국가의 이면을 비추다

【1】

책봉체제론(冊封體制論)으로 유명한 일본의 사학자 니시지마 사다오(西嶋定生)는 고대일본에서 당나라에 보낸 국서(國書)의 형식을 복원했는데, 그 내용은 다음과 같다.

明神御宇日本主明樂美御德敬白大唐皇帝. 云云. 謹白, 不具.

겉보기에는 단순한 문서처럼 보이지만, 이 문서의 양식에는 중요한 의미가 담겨 있다. 1)'明神御宇日本主明樂美御德'('主明樂美御德'는 일본어로 스메라미코토)은 발신자를 가리키는 표현으로, 중국의 율령제도를 받아들여 자국의 율령을 마련할 당시 일본 천황이 자신을 지칭한 말이다. 2)'敬白'은 전달하는 말이다. 3)'大唐皇帝'는 수신자를 뜻한다. 4)'云云'은 문서의 내용을 가리킨다. 5)'謹白不具'는 맺음말이다.

【2】

현재 일본에는 718년에 제정된 『양노령(養老令)』이 전한다. 이 가운데 공식령(公式令)의 첫 조항에는 조서식(詔書式)이 규정되어 있다. 모두 5개의 조서식이 기록되어 있는데, 그중 첫 번째 조서식을 보면 다음과 같다.

> 明神御宇日本天皇詔旨[謂, 以大事宣於蕃國使之辭也.], 云云, 咸聞.

일본에서는 후대에 율령에 관한 관찬 주석서를 편찬하여 『영의해(令義解)』라 했는데, 위 문장의 대괄호 [ ] 속 내용이 바로 그 관찬 주석이다. 이 주석에 대해 다시 해설한 책이 『영집해(令集解)』이며, 그 내용은 다음과 같다.

> 이르기를, "대사(大事)로 번국(蕃國)의 사신(使臣)에게 선포(宣布)하는 내용이다. … 『고기(古記)』에 이르기를, "어우일본천황조지(御宇日本天皇詔旨)는 인국(隣國) 및 번국(蕃國)에 대답하면서 조서(詔書)를 내리는 내용이다"라고 하였다. 묻습니다. "인국과 번국은 어떻게 구별합니까?" 답합니다. "인국이란 대당(大唐)이고, 번국이란 신라(新羅)이다."

『영의해』에 있는 '대사(大事)로 번국의 사신에게 선포하는 말'에 대해, 『고기』에서는 이를 '인국과 번국에 대해서 조서를 내리는 말'로 정의했다. 이에 "인국과 번국을 어떻게 구분하는가"라는 물음이 이어졌으며, 그 답변은 "인국은 대당(唐)이고, 번국은 신라"라는 것이었다. 결국 이 기록은 고대 일본이 당나라에는 인국의 예(隣國之禮)로, 신라에는 번국의 예(蕃國之禮)로 조서를 보냈음을 보여주는 셈이다.

[[3]]

일본 에도(江戶) 시대의 학자 모토오리 노리나가(本居宣長)는 자신의 저서 『교쥬우가이겐(馭戎慨言)』에서 『쇼쿠니혼기(續日本紀)』나 『니혼코키(日本後紀)』 등에는 발해국(渤海國)으로부터 온 문서나 발해왕(渤海王)에게 보낸 조서(詔書) 등이 빠짐없이 기록되어 있음에도, 정작 견당사(遣唐使)가 당(唐)에서 가지고 온 문서의 내용은 단 한 건도 실려 있지 않다는 것에 주목했다. 그 이유는 일본이 '체면상' 그 내용을 기록할 수 없었던 것이라고 추정했다.

그러나 일본이 자국의 기록에서 이를 누락시켰다 하더라도, 중국의 기록까지 지울 수는 없었다. 당 현종 때의 문인이자 집현원학사(集賢院學士)였던 장구령(張九齡)의 문집 『곡강집(曲江集)』 권12에는 「칙일본국왕서(敕

日本國王書)」라는 문장이 실려 있으며, 이는 송나라 때의 『문원영화(文苑英華)』(982)에도 수록되어 있다.

① 勅日本國王主明樂美御德. 彼禮義之國, 神靈所扶, 滄
② 溟往來, 未常[嘗]爲患. 不知去歲, 何負幽明. 丹墀眞人廣成
③ 等, 入朝東歸, 初出江口, 雲霧斗暗, 所向迷方. 俄遭惡風,
④ 諸舡飄蕩, 其後一舡, 在越州界. 卽眞人廣成, 尋已發歸,
⑤ 計當至國. 一舡飄入南海, 卽朝臣名代, 艱虞備至, 性命
⑥ 僅存. 名代未發之間, 又得廣州表奏, 朝臣廣成等, 飄至
⑦ 林邑國. 旣在異國, 言語不通, 並被劫掠, 或殺或賣. 言念
⑧ 災患, 所不忍聞. 然則林邑諸國, 比常朝貢. 朕已勅安南
⑨ 都護, 令宣勅告, 示見在者, 令其送來, 待至之日, 當存撫
⑩ 發遣. 又一舡不知所在, 永用疚懷. 或已達彼蕃, 有來人
⑪ 可具奏. 此等災變, 良不可測. 卿等忠信則爾, 何負神明,
⑫ 而使彼行人, 罹其凶害? 想卿聞此, 當用驚嗟. 然天壤悠
⑬ 悠, 各有命也. 中冬甚寒, 卿及百姓, 並平安好. 今朝臣名
⑭ 代還, 一一口具. 遣書, 指不多及.

(『曲江集』의 행수를 따름)

이 문서의 형식은 ①행의 '勅日本國王主明樂美御德'과 ⑬~⑭행의 '中冬甚寒, 卿及百姓, 並平安好. 今朝臣名代還, 一一口具. 遣書, 指不多及.'을 통해 확인할 수

있다. 당나라 왕제의 의지를 담은 문서를 '왕언(王言)'이라 했으며, 『당육전(唐六典)』에 따르면 일곱 가지 형식으로 구분된다. 즉, 1)책서(冊書), 2)제서(制書), 3)위로제서(慰勞制書), 4)발일칙(發日勅), 5)칙지(勅旨), 6)논사칙서(論事勅書), 7)칙첩(勅牒)이다. 이 가운데 장구령이 일본에 보낸 문서는 나카무라 히로이치(中村裕一)의 연구에 따르면 '논사칙서(論事勅書)'에 해당한다. 그 복원식은 다음과 같다.

① 勅某(姓名等) 云云 (想宜知悉. 時候). 卿比平安好, 遣書, 指不多及.

② 年月御畫日

③ 中書令具官封臣姓名 宣

④ 中書侍郎具官封臣姓名 奉

⑤ 中書舍人具官封臣姓名 行

만약 일본이 당을 '인국(隣國)'이라고 규정했다면, 당에 보낸 일본의 문서도 이에 상응하는 형식을 지녔어야 한다. 그러나 실제로는 그렇지 않았다. 니시지마 사다오가 복원한 일본 측 문서 형식과 당의 형식을 비교해 보면, 일본 문서는 당의 위로제서(慰勞制書)와 유사함을 알 수 있다. 그 복원식은 다음과 같다.

① 皇帝[敬]問某, 云云.

② 年月御畫日

③ 中書令具官封臣姓名 宣

④ 中書侍郎具官封臣姓名 奉

⑤ 中書舍人具官封臣姓名 行

요컨대, 니시지마 사다오의 복원식에 따르면 일본은 고대에 중국 당나라에 중국의 위로제서 형식을 본뜬 문서를 보냈고, 당은 일본에 논사칙서를 보냈다는 것이다. 당 황제의 왕언 7가지는 천하 질서 속에서 하달되는 문서로, 본래 신하에게 내리는 형식을 취한다. 따라서 당이 일본에 논사칙서를 보낸 것은 일본을 신하적 위치로 인식했음을 의미한다. 그러나 일본 역시 당의 율령을 계수하여 자국의 율령과 '천하관'을 확립했기에, 반대로 일본은 당을 신하의 예로 대하는 조서(詔書), 즉 위로조서(慰勞詔書)를 발급한 셈이다.

〚4〛

그렇다면 당의 천하관은 구체적으로 어떻게 규정되어 있었을까? 송 태조 건륭 2년(961)에 완성된 왕부(王溥, 922~982)의 『당회요(唐會要)』에는 다음과 같은 기사가 들어 있다.

> 성력(聖曆) 3년(700) 3월 6일에 칙(勅)한다. 동으로는 고려국(高麗國), 남으로는 진랍국(眞臘國, 크메르), 서로는 파사(波斯, 페르시아)·토번(吐蕃, 티베트) 및 견곤(堅昆, 키르기스) 도독부, 북으로는 거란(契丹, 키탄)·돌궐(突厥, 투르크)·말갈(靺鞨)은 모두 번역(蕃域)에 들어오게 하고, 이외는 절역(絕域)으로 하라. 그 사신들에게 응당 지급하는 급료는 각각 법식에 따르라.

이 기사는 당대의 번역(蕃域)과 절역(絶域) 개념을 명확히 보여주며, 이를 도표로 그려보면 다음과 같다.

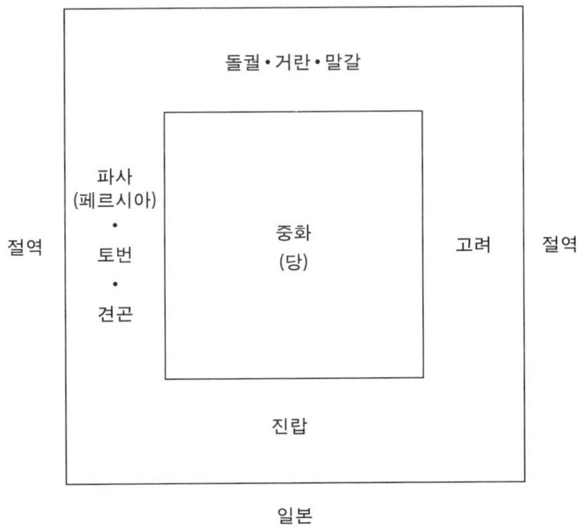

예로부터 이어진 중국의 전통적 지리관은 천원지방(天圓地方), 즉 하늘은 둥글고 땅은 네모지며, 세계는 동서남북으로 확장된다는 인식에 바탕을 둔다. 위 내용에서 성력(聖曆)은 측천무후(則天武后)의 연호 중 하나로, 성력 3년(700)에 당은 자국의 천하관 속에서 번역과 절역의 구분을 제도적으로 확립했다. 당시 동방에는 이미 통일신라가 세워져 있었는데, 『당회요』에서는 이를 '고려국(高麗國)'으로 지칭하며 번역, 곧 책봉을 받고 조공을 바치는 나라로 분류했다. 반면 일본은 절역, 즉 책봉과 조공의 관계 밖에 있는 지역으로 인식되어, 문헌 속에서 아예 언급되지 않았다. 그런데도 『영의해』 주석서 중 하나인 『고기』에서는 '대당(大唐)'을 '인국(隣國)'으로, '신라(新羅)'를 '번국(蕃國)'으로 주해하고 있다.

〖5〗

고려의 문인 김부식(金富軾, 1075~1151)이 편찬한 『삼국사기(三國史記)』(1145) 「신라본기」, 원성왕(元聖王) 2년(786)에 당의 논사칙서(論事勅書) 기사가 실려 있다.

> 二年, 夏四月. … 遣金元全入唐, 進奉方物. 德宗下詔書曰: "勅新羅王金敬信. 金元全至, 省表及所進奉具悉. 卿俗敦信義, 志秉貞純, 夙奉邦家, 克遵聲教. 撫茲藩服, 皆稟儒

風, 禮法興行, 封部寧乂, 而竭誠向闕, 述職無虧. 累遣使臣, 聿修貢獻, 雖溟渤遐廣, 道路悠長, 贄幣往來, 率循舊典, 忠効益著, 嘉歎良深. 朕君臨萬方, 作人父母, 自中及外, 合軌同文, 期致太和, 共躋仁壽. 卿宜保安封內, 勤恤蒼生, 永作藩臣, 以寧海裔. 今賜卿羅錦綾綵等三十匹, 衣一副, 銀榼一口, 至宜領之; 妃錦綵綾羅等二十匹, 押金線繡羅裙衣一副, 銀椀一; 大宰相一人衣一副, 銀椀一; 次宰相二人各衣一副, 銀椀各一. 卿宜領受分給. 夏中盛熱, 卿比平安好, 宰相已下, 並存問之. 遣書, 指不多及."

이 기록은 원성왕 2년 4월에 김원전(金元全)을 당에 보내어 조공 물품(진봉·방물)을 바치고, 이에 대해 당의 덕종(德宗)이 조서(詔書)를 내린 사실을 기록한 것이다. 신라가 당에 '표(表)'를 올리면, 당은 이에 대한 회답으로 '논사칙서'를 내리는 것이 외교적 관례였다.

⟦6⟧
『당육전(唐六典)』에는 다음과 같은 기록이 있다.

무릇 아래[下]에서 위[上]로 의지를 전달하는 방법에는 여섯 가지 제도가 있다. 표(表)·상(狀)·전(牋)·계(啓)·사(辭)·첩(牒)이라고 한다. 표는 천자에게 올린다. 그 측근 신하[近臣]은 또한 상을 올린다. 전과 계

> 는 황태자에게 올린다. 그러나 자신의 장관에게도 올리는데, 공문으로 답하지는 않는다. 9품 이상의 관리가 올리는 공문은 모두 첩이라 하고, 서인의 말은 사라고 한다.

당의 제도에서 황제에게 올리는 공식 문서는 '표(表)'라 했다. 따라서 신라가 원성왕 2년에 당의 덕종에게 보낸 문서는 책봉체제에 따른 외교문서, 즉 표이다. 곧, 신라는 당에 표를 보내고, 이에 대한 답신으로 논사칙서를 받은 것이다.

그렇다면 일본은 어떠했을까? 앞서 살펴본 바에 따르면 일본은 당에게 '위로조서(慰勞詔書)' 즉, 당의 '위로제서(慰勞制書)' 형식의 문서를 보냈고, 당으로부터는 논사칙서를 받았다고 한다. 일본은 이러한 체계를 바탕으로 자국의 율령을 완비한 시기를 율령국가(律令國家)라고 부른다. 이는 당시 세계사적 관점에서 견줄만한 제도와 문화를 일찍부터 가졌다는 암묵적인 자랑이다. 그러나 정작 일본은 고대에 당에게 보낸 문서는 물론, 당으로부터 받은 문서의 기록조차 모두 남기지 않았다. 왜 일본은 그처럼 중요한 외교문서를 삭제해 버렸을까?

심영환

4.

홍패와 백패, 과거 등급의 비밀

홍패(紅牌)와 백패(白牌)는 조선시대 과거에 합격한 사람에게 내려진 증서이다. 홍패는 대과(大科), 즉 문과와 무과의 급제자에게 주어졌으며, 붉은 종이에 써서 '홍패'라 불렸다. 반면 백패는 소과(小科)인 생원시와 진사시, 그리고 잡과의 합격자에게 내린 증서로, 흰 종이에 작성되어 '백패'라 했다. 『대전회통(大典會通)』「예전(禮典)」에는 이들 합격 증서의 양식과 규격, 즉 투식(套式)이 상세히 기록되어 있다.

문과와 무과의 합격 증서인 홍패는 '具官某'라는 문구로 시작한다. 이는 시험 당시의 관직이나 직업 상태, 성명을 함께 적는 부분이다. 이어서 합격한 시험의 종류를 표시하기 위해 문과의 경우 '文科', 무과의 경우 '武科'라고 쓴다. 다음으로는 '某科'라 하여 甲·乙·丙의 세 등급 가운데 어느 급에 속하는지를 밝히며, 마지막에는 '第幾人'이라는 표현으로 합격자의 등위(석차)를 기록한다.

〖홍패식〗

교지

어느 관(官)에 있는 누구는 문과(무과이면 무과라 함) 무슨 과(갑과　을과　병과로 함) 제 몇째 인으로 급제 출신한 자(者)로 한다.

년보 월 일

〖백패식〗

교지

어느 관에 있는 누구는 생원(또는 진사) 몇 등 제 몇째 인으로 입격한 자로 한다.

년보 월 일

〖잡과백패식〗

어느 조(曹)에서

왕명을 받들어 어느 관에 있는 누구를 무슨 과 몇 등 제 몇째 인으로 출신한 자로 한다.

년인 월 일

판서신 누구 참판신 누구 참의신 누구 정랑신 누구 좌랑신 누구

教旨
具官某 文科 某科第幾人及第出身者
年 寶 月 日

홍패식

教旨
具官某 生員 幾等第幾人入格者
年 寶 月 日

백패식

某曹奉
教具官某 某科幾等第幾人出身者
年 印 月 日
判書臣某 參判臣某 參議臣某 正郞臣某 佐郞臣某

잡과백패식

생원시와 진사시에 합격한 이들에게 수여된 백패는 '具官某'라는 문구로 시작한다. 이어 합격한 시험의 종류를 표시하기 위해 '生員'이라 쓰고, 진사시에 합격한 경우에는 '進士'라고 적는다. 그다음에는 합격 등급[幾等]과 등위[第幾人]를 순서대로 기록한다.

잡과의 합격 증서는 이와 다르게 구성되어 있다. 먼저 관할 관서를 적는데, 일반적으로 백패를 발급하는 예조의 명칭이 들어간다. 이어 '具官某' 다음에는 '某科'가 오는데, 이는 홍패와 달리 등급이 아니라 합격한 과목을 명시한다. 즉 역과(譯科)·의과(醫科)·음양과(陰陽科)·율과(律科) 등 해당 과거의 종류를 적는다. 이후의 서식은 생원·진사 백패와 동일한 방식으로 작성된다.

문과와 무과의 합격 증서인 홍패에는 '及第出身者'라고 적고, 생원·진사 합격 증서인 백패에는 '入格者'라 쓴다. 한편 잡과의 백패에는 '出身者'라고 기록하여 세 종류를 구분했다. 이에 따라 문과·무과의 합격은 '급제(及第)', 생원·진사의 합격은 '입격(入格)', 잡과의 합격은 '출신(出身)'이라 칭했다.

홍패에 적힌 '某科'는 과거의 합격 등급으로, 갑과(甲科)·을과(乙科)·병과(丙科)의 세 등급으로 구분된다. 우리나라에서 과거가 처음 시행된 것은 958년(광종 9)으로, 당(唐)의 체제를 본받았다. 고려시대에는 등급 구분과 시험 방식이 여러 차례 바뀌었고, 조선시대에 들어서도 문과와 무과의 등급 체계가 변화했다.

『고려사(高麗史)』를 보면, 고려 초 과거에서 장원을 갑과에서만 선발했다. 그러나 984년(성종 3)에는 처음으로 을과와 병과의 2등급으로 시행하며, 을과 장원을 뽑았다. 이어 993년(성종 12)에는 세 등급(갑·을·동진사) 체제를 마련했는데, 이때 처음으로 병과 대신 '동진사(同進士)'라는 명칭이 등장했다.

1010년(현종 1)에는 등급을 '갑·병·동진사'로 바꾸어 을과 대신 병과를 두었고, 1013년(현종 4)에 이르러서야 을과·병과·동진사가 모두 갖추어졌다. 1023년(현종 14)에는 2등급(병·동진사) 가운데 병과 장원을 선발했으며, 1115년(예종 10) 이후부터는 과거 기록에서 등급 표시를 생략하고 장원만 명기했다. 이후 1236년(고종 23)에 다시 을과·병과·동진사의 표기가 나타난다.

이처럼 고려 전기 과거제의 등급 변동, 특히 984년에 장원 선발을 갑과에서 을과로 낮춘 것은 송(宋)과의 교류 과정에서 '소중화(小中華)' 의식을 표방하며 스스로 과거 등급을 격하한 조치로 해석된다.

조선 초의 과거 등급 체계는 고려의 제도를 그대로 따랐다. 그러나 1407년(태종 7)에 처음 실시된 정해 중시(重試)에서는 독특한 등급 명이 사용되었다. '乙科一等·丙科一等' 두 등급만으로 급제자를 선발한 것이다.

이후 1414년(태종 14) 갑오 식년시와 알성시에서 새로운 등급 명이 시도되었다. 식년시에서는 '乙科一等·乙科二等進士·乙科三等同進士', 알성시에서는 '乙科一等·乙科二等·乙科三等·恩賜'의 4등급이 사용되었으나, 모두 한 차례만 시행되고 다시 쓰이지 않았다. 1416년(태종 16) 병신 친시(親試)와 중시에서는 '乙科一等·乙科二等'의 2등급만으로 선발하여, 이전 체계를 간소화했다.

세종 대에 들어서면서 등급 명칭이 점차 다양해졌다. 1427년(세종 9) 정미 친시에서는 '乙科一等·乙科二等·乙科三等'의 3등급 체계가 처음 확립되었고, 1429년(세종 11) 기유 알성시에서는 '乙科·丙科'의 2등급만 사용되었다. 이어 1438년(세종 20) 무오 식년시에는 '동진사' 대신 '정과(丁科)'를 사용한 '乙科·丙科·丁科' 체제가 등장했다. 또 1447년(세종 29) 정묘 친시에서는 과(科)와 등(等)을 혼용한 '乙科一等·丙科二等·丁科三等'이 새로 도입되었다. 이후 문종·단종 대에는 별다른 변동 없이 세종 대의 체계를 계승했다.

세조 대에는 세종 때 사용하던 '乙科·丙科·丁科'와 '乙科一等·乙科二等·乙科三等'이 번갈아 쓰였다. 1460년(세조 6) 경진 평양별시(平壤別試)에서는 29회나 사용된 '一等·二等·三等' 체계가 처음 등장했다. 이어 1468년(세조 14) 무자 식년시에서는 조선시대 내내 가장 널리 사용된 등급인 '甲科·乙科·丙科'가 확립되었고, 같은 해 중시(重試)에서는 '甲科·乙科·丙科·丁科'의 4등급 체제가 도입되었다.

성종과 중종 대에는 '甲科·乙科·丙科'와 '一等·二等·三等'의 두 체계가 번갈아 사용되었으나, 연산군 말기에는 다시 '甲科·乙科·丙科·丁科'의 4등급제가 잠시 부활했다. 한편 '乙科·丙科·同進士'는 1436년(세종 18) 이후 사라졌고, '乙科·丙科·丁科'도 1465년(세조 11)을 끝으로 더 이상 쓰이지 않았다.

이후 1546년(명종 1)부터 1894년(고종 31) 갑오개혁까지는 '甲科·乙科·丙科'의 3과 체계가 완전히 정착되었다. 이는 고려시대 이후 한동안 격하되어 있던 과거 등급의 위상을 다시 높인 조치로 평가된다.

홍패와 백패 가운데 특히 흥미로운 것은 '회방(回榜) 홍패'와 '회방 백패'이다. 회방은 회갑(回甲)과 마찬가지로, 과거에 급제한 뒤 60년이 지난 사람에게 다시 발급된 합격 증서였다. 조선 후기에 처음 등장한 제도로, 조선왕조실록에는 1716년(숙종 42)에 그 기록이 처음 보인다.

회방은 대체로 20대에 과거에 급제하고 80세 이상 장수해야만 받을 수 있었으므로, 그 자체가 큰 복(福)으로 여겨졌다. 실록에 확인되는 회방 사례는 110건이 채 되지 않는다. 비교적 젊은 나이에 합격하는 사마시나 무과에서는 간혹 보이지만, 늦은 나이에 급제하는 문과의 경우는 매우 드물었다. 국가는 회방을 맞은 자에게 '회방연(回榜宴)'이라는 잔치를 열고, '回榜'이라 적힌 특별한 홍패나 백패를 하사했다.

그림(252쪽)에 보이는 문과 회방 홍패는 1809년(순조 9) 기사 증광시(己巳增廣試)에서 을과 6위로 급제한 이영조(李永祚)의 것이다. 그는 1812년(순조 12)에 이름을 이원조(李源祚)로 개명했다. 1869년(고종 6)에 회방을 맞아서 홍패를 받았는데, 1월에는 자헌대부(資憲大夫)의 품계로 수여받고, 그해 3월 정헌대부(正憲大夫)로 가자(加資)되면서 다시 발급받았다.

이재옥

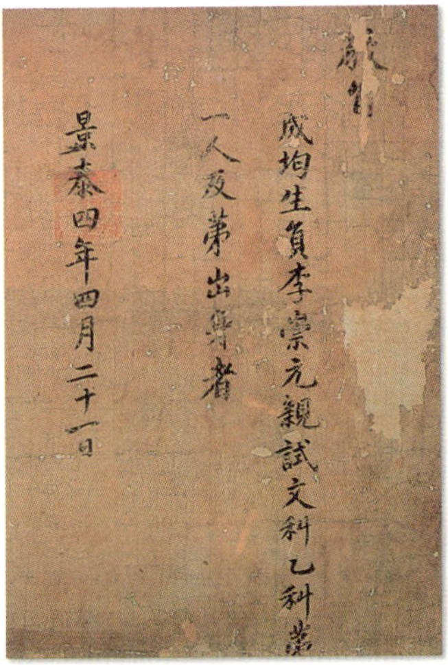

敎旨
成均生員李崇元親試文科乙科第
一人及第出身者
景泰四年四月二十一日

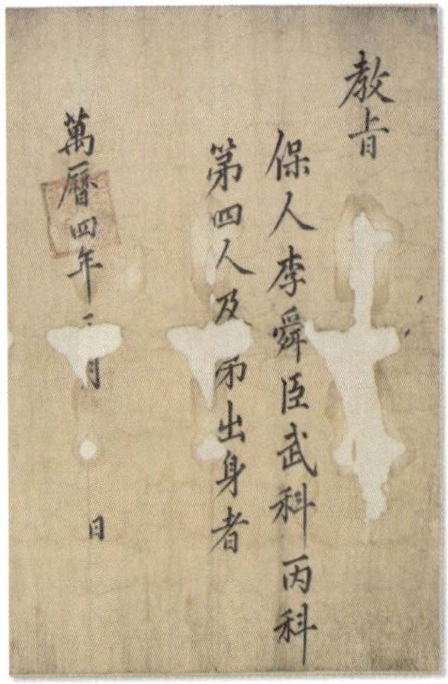

敎旨
保人李舜臣武科丙科
第四人及第出身者
萬曆四年 月 日

이숭원의 문과 홍패(왼쪽), 이순신의 무과 홍패(오른쪽)

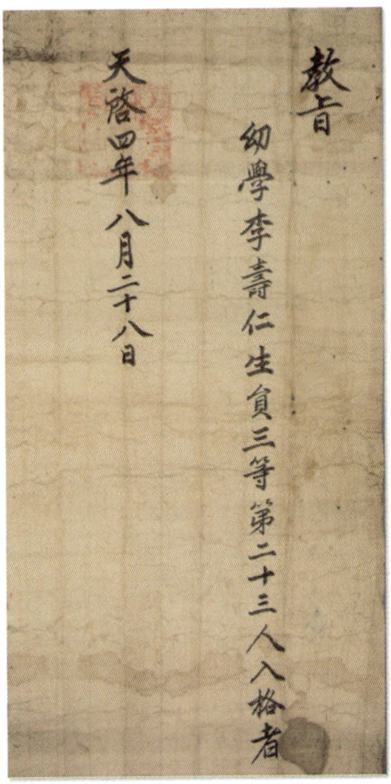

敎旨
幼學李壽仁生員三等第二十三人入格者
天啓四年八月二十八日

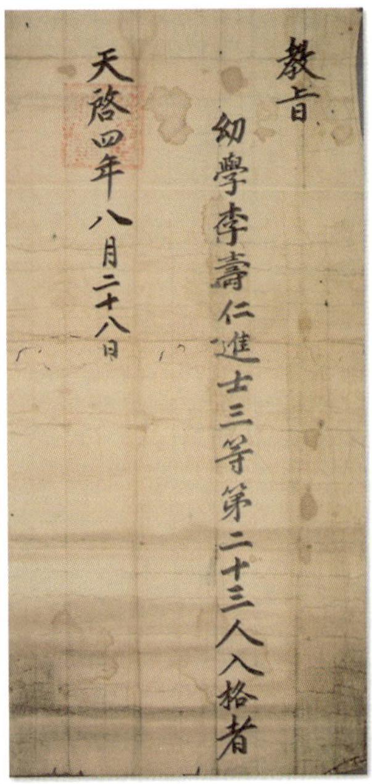

敎旨
幼學李壽仁進士三等第二十三人入格者
天啓四年八月二十八日

이수인의 생원(왼쪽)·진사(오른쪽) 백패(3등 23위)
생원·진사 합격 등위 같음

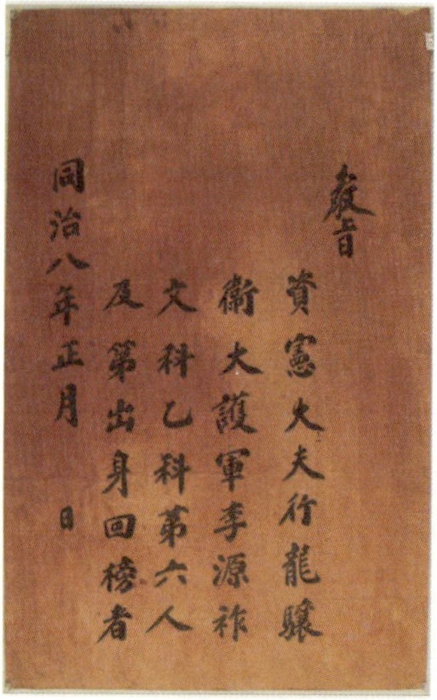

敎旨
資憲大夫行龍驤
衛大護軍李源祚
文科乙科第六人
及第出身回榜者
同治八年正月 日

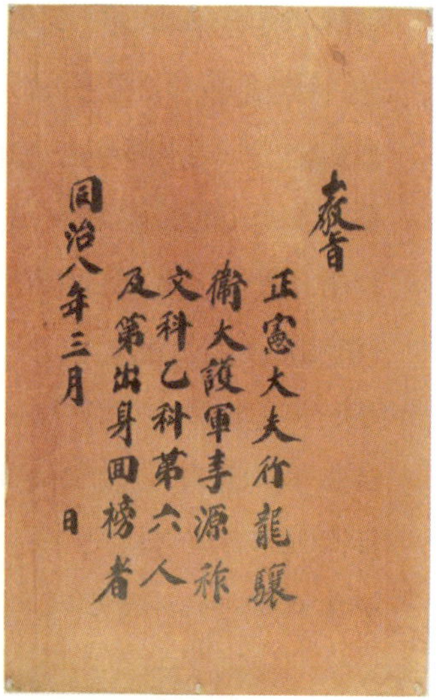

敎旨
正憲大夫行龍驤
衛大護軍李源祚
文科乙科第六人
及第出身回榜者
同治八年三月 日

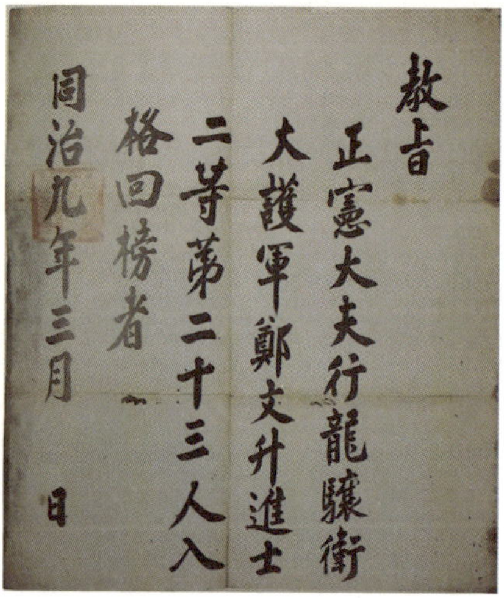

敎旨
正憲大夫行龍驤衛
大護軍鄭文升進士
二等第二十三人入
格回榜者
同治九年三月 日

이영조(개명 이원조) 문과 회방 홍패(위), 정문승 진사 회방 백패(아래)

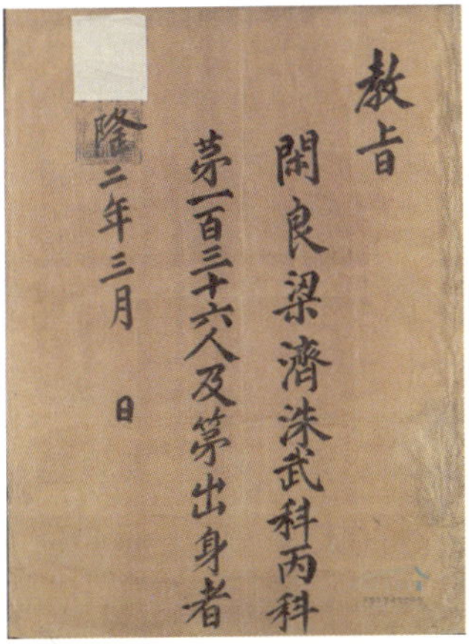

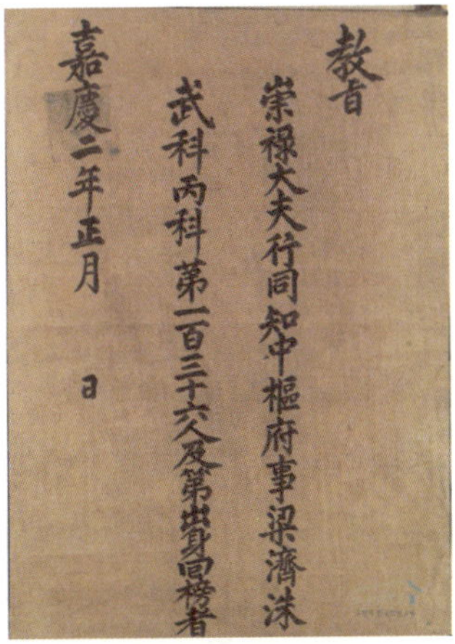

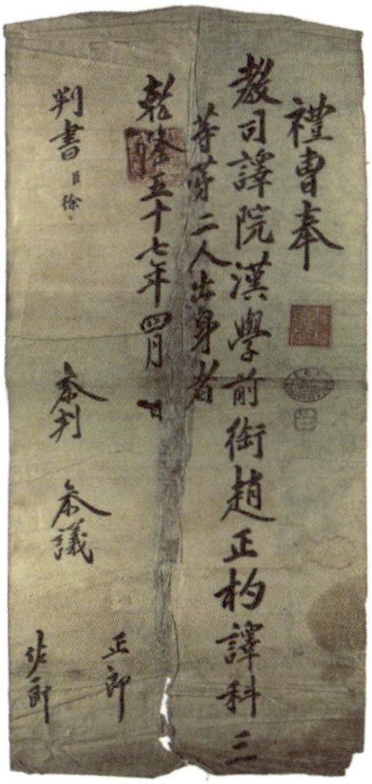

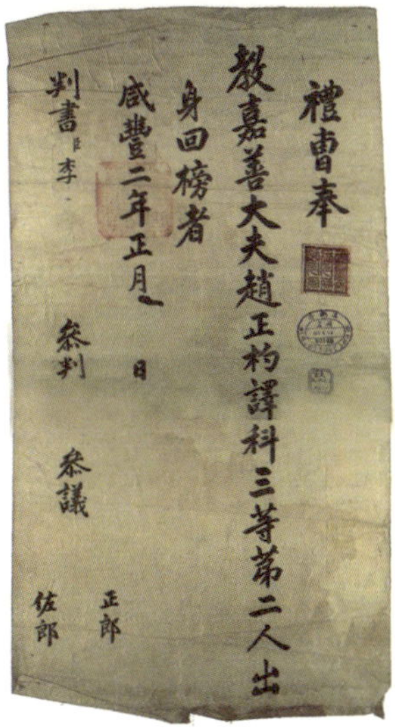

양제수 무과 홍패·회방 홍패(위), 조정표 역과 백패·회방 백패(아래)

5.

타량, 땅을 측정하는 사람들

한국의 고문헌에는 '타량(打量)'이라는 말이 자주 등장한다. 전답(田畓), 즉 논밭의 면적을 재는 일을 뜻하는 이 단어는 여러 문서와 기록 속에서도 확인된다. 다음에 소개할 소지(所志)에도 그 예가 보인다.

> 안동(安東)에 사는 김생원(金生員) 댁(宅) 노(奴) 옥룡(玉龍)
> 이번에 삼가 아뢰는 소지(所志)는 금광평(金光坪)의 사표(四標)에 있는 전답(田畓)을 추심(推尋)하기 위하여, 우리 상전(上典)께서 또 영문(營門)에 정소(呈訴)를 하오니, 제음(題音)에 입지(立旨)로 정계(定界)하여 행하(行下)하여 주라고 하였으므로, 문서를 붙여서 도부(到付)하오니, 우선 해당 면(面) 각 동임(同任)의 우두머리 무리와 각 항(巷)의 전부(田夫) 등에게 전령(傳令)하고, 또 양리(量吏)와 별색서원(別色書員)을 지정(指定) 행하(行下)하시어, 빨리 곳곳마다 타량(打

量)하시어 일을 모두 완성(完成)하시기를 천번 만번 엎드려 비오니, 행하(行下)하여 주시기 바랍니다.

강릉 사또님[江陵使道主]께서 처분(處分)해 주십시오.

갑오년 4월 일에 소지(所志).

【제사】

영문(營門)의 제음(題音)에 따라 거행(擧行)함이 마땅한 일이다.

23일

호방(戶房)

지색(地色)

행사(行使)〔착압〕

【籤紙】

[갑오년 입안(立案). 땅의 경계를 정하려고 타량(打量)을 청한 문적. 20년]

[9호 증서. 지금부터 96년]

이 문서는 안동(安東) 천전(川前) 의성김씨(義城金氏) 가문에서 소장하고 있는 소지(所志)이다. 한국학중앙연구원에서 출판한 『고문서집성 5: 의성김씨천상각파편(義城金氏川上各派篇) Ⅰ』에 수록되어 있다.

1534년(중종 29) 4월, 안동 김생원댁의 노 옥룡이 상전을 대신하여 사표(四標) 안에 있는 전답을 찾아내기 위해 영문에 정소(呈訴)를 올렸다. 그 결과 받은 입지(立

旨)를 첨부하여, 강릉도호부사에게 전답을 타량해 달라고 청한 내용의 소지이다.

이 문서에는 전답을 측량한다는 뜻으로 '打量'이라는 단어가 등장한다. 여기서 타량은 곧 '논밭의 면적을 재다'는 의미로 사용되었다.

그렇다면 '打量'이라는 말은 어떻게 생겨났을까? 북송(北宋)의 정치가이자 문인이었던 구양수(歐陽修, 1007~1072)는 자신의 문집에서 이 '打量'의 어원과 용례를 다음과 같이 설명했다.

> 지금 세속에서 말이 잘못되었는데도 온 세상의 군자(君子)와 소인(小人)들이 모두 잘못을 똑같이 저지르고 있는 것은 오직 '打'자 뿐이다. ['打'는 '丁'자와' 雅'자의 반절이다.] 그 뜻은 본래 '치다[考擊]'를 이르기 때문에 사람들이 서로 싸울 때 사물로 서로 치는 것을 '打'라고 하고, 금(金)이나 은(銀)으로 그릇을 만들 때 또한 '打'라고 할 수 있다. 대개 '두드리고 치다[槌(一作搥)擊]' 뜻이다. 심지어 배[舟]나 수레[車]를 만들 때는 '打船'과 '打車'라 하고, 고기[魚]를 그물[網]로 잡을 때는 '打魚'라 하고, 물[水]을 길을 때는 '打水'라 하고, 일꾼[役夫]이 밥[飯]을 먹을 때는 '打飯'이라 하고, 병사(兵士)에게 옷[衣]이나 식량(食糧)을 지급할 때는 '打衣糧'이라 하고, 종자(從者)가

우산[傘]을 잡을 때는 '打傘'이라 하고, 종이[紙]를 풀[糊]로 붙이는 것을 '打黏'이라 하고, 장척(丈尺)으로 땅[地]을 잴 때는 '打量'이라 하고, 손[手]을 들어 눈이 보이는지 어두운지를 시험할 때는 '打試'라고 한다. 명유(名儒)와 석학(碩學)까지 말이 모두 이와 같아서 '일을 하다[觸事]'를 모두 '打'라고 이른다. 그러나 두루 자서(字書)를 검색해 보아도 도대체 이런 글자[丁雅反]는 없다. 그 뜻은 주로 '치다[考擊]'의 '打'자로 그 음(音)도 저절로 '謫耿'의 반절이다. 자학(字學)으로 말하자면 '打'자는 '手'(意符)를 따르고 '丁'(音符)을 따른다. '丁'도 또 '사물을 치다[擊物]'라는 소리이기 때문에 '謫耿'의 반절로 발음하는 것이 옳다. 무슨 까닭으로 '丁雅'라는 반절로 바뀌었는지 모르겠다.

– 『구양문충공집』, 「귀전록(歸田錄)」 중

구양수는 이 글에서 '打'자가 '丁雅反'(곧 한글로 '타')으로 발음하는 것은 잘못이라고 하였다. 그런데 이 단어는 다음과 같이 사용된다고 했다.

打船	배를 만들다
打車	수레를 만들다
打魚	물고기를 잡다
打水	물을 긷다

打飯	밥을 짓다
打衣	옷을 짓다
打糧	식량을 주다
打傘	우산을 잡다
打黏	(종이를) 풀로 붙이다
打量	땅을 재다
打試	(눈이 보이는지) 시험하다

구양수는 '일을 하다[觸事]'의 뜻으로 '打'자를 사용하는 이유에 의문을 품었다. 자서(字書)에는 '丁雅反'(타)은 없고 '謫耿反'(텽)만이 있었기 때문이다. '打'자는 '手'(意符)을 따르고 '丁'(音符)을 따르기 때문이다.

구양수는 11세기 초 북송 때 사람이다. 그렇다면 '打'자가 발음이 '텽'에서 '타'로, 아울러 뜻도 '사물을 치다[擊物]'에서 '일을 하다[觸事]'로 바뀐 것은 이 당시의 일이다.

이제 '打'자에 대해 1900년대 들어와 연구된 중국의 상고음, 중고음, 근고음에 대하여 살펴보기로 한다.

打

(1)

【上古】

鄭張尙芳/rteŋʔ/, 高本漢/tĭěŋ/, 李方桂/trjiŋ > x/

后期: /treŋʔ/ 王力/tĭeŋ/

【中古】

鄭張尙芳/tɣæŋʾ/, 高本漢/tɐŋ/, 王力/tɐŋ/, 李榮/tɐŋ/, 邵榮芬/taŋ/

【近代】

『蒙古字韻』/diŋ/

『中原音韻』楊耐思/tiəŋ/ 寧繼福/tiəŋ/

(2)

【上古】

鄭張尙芳/teeŋʔ/, 高本漢/tieŋ/, 李方桂/tiŋx/

后期: /teeŋʔ/ 王力/tieŋ/

【中古】

鄭張尙芳/teŋʾ/, 高本漢/tieŋ/, 王力/tieŋ/, 李榮/teŋ/, 邵榮芬/tɛŋ/

后期: /tieŋ/

【近代】

『蒙古字韻』/diŋ/

『中原音韻』楊耐思/tiəŋ/ 寧繼福/tiəŋ/

중국의 저명한 성운학자들이 재구한 '打'자의 음을 보아도 '타'자의 음은 보이지 않는다. 그런데 명(明)과 조선(朝鮮)의 운서에서는 '다'가 등장한다.

『洪武正韻譯訓』

:다 打

:딩 頂 鼎 酊 艼 打

『四聲通解』

<端ㄷ>

다

<上聲> 打[擊也 梗]

<上聲> 頂[頭上], 酊[酩一], 鼎[烹鉦器, 又方也], 打[《蒙韻》:등, 擊也, 今俗從馬韻]

『東國正韻』

:딩[上]

打 [又景、架韻]

:뎡[上]

頂 頲 [上同, 又敬韻] 酊 打 [又肯、智韻] 鼎

:당[上]

䩥 癉 [又箇、干、笴、旰韻] 哆 [又本韻、箇、紫韻] 打 [又肯、景韻]

위의 여러 인용을 종합해 보면, '打量'이라는 말은 북송 시기에 형성된 속어(俗語)로 보인다, 이후 송원(宋元)을 거쳐 명(明)에 이르러 마침내 자서(字書)에 실리게 되었다. 중국과 오랜 기간 문화적으로 교류해 온 한국에서도 이 단어를 받아들여 고려시대는 물론 조선시대에도 앞서 살펴본 문서처럼 '땅을 재다'라는 뜻으로 사용했다.

심영환

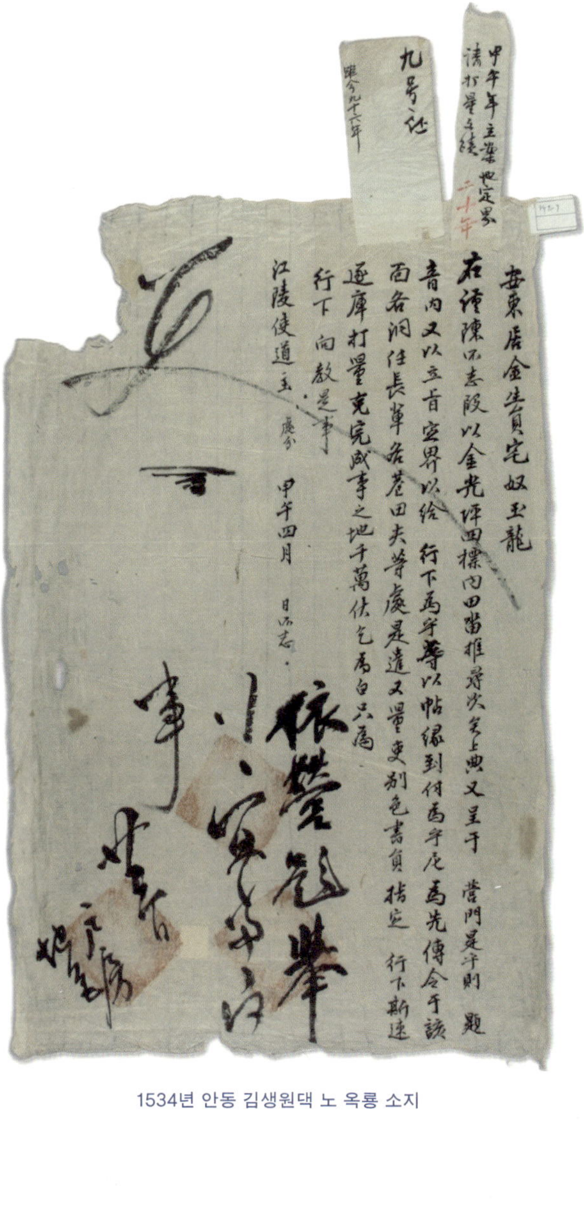
安東居金生員宅奴玉龍
右謹陳所志段以金光坪田標內田畓推尋次矣上典文呈于 營門是乎則 題
音內又以立旨定界以給 行下爲乎等以帖緣到付爲乎乙 爲先傳令于該
面各洞任長革各荅田夫等處是遣又量吏別色書員 指定 行下斯速
逐庫打量竟完成事之地千萬伏乞爲白只爲
行下 向教是事
江陵使道主 處分
甲午四月 日所志

1534년 안동 김생원댁 노 옥룡 소지

6.

연경당 도서 인계목록, 책이 옮겨간 자리

연경당(演慶堂)은 1828년(순조 28)에 효명세자(孝明世子)가 창덕궁 후원에 지은 건물로 알려져 있다. 이후 1846년(헌종 12)에 새로 건축되었으며, 고종 즉위 직후 수리를 거쳐 오늘날까지 그 모습을 간직하고 있다. 『어제궁궐지(御製宮闕志)』에는 "연경당은 개금재(開錦齋)의 서쪽에 있고, 남쪽에는 장락문(長樂門)이 있다. 곧 진장각(珍藏閣) 터이다. 순조 28년 무자년에 익종대왕(효명세자)의 세자 시절에 개건했고, 지금은 익종의 어진을 봉안하고 있다"라고 기록되어 있다.

이 기록에 따르면 연경당은 본래 순조와 순원왕후의 존호를 올리는 의식을 거행하던 장소로 사용되었으며, 이후에는 어진(御眞)과 모훈(謨訓)을 봉안하거나 연회를 열고, 외국 공사를 접견하는 등의 의례 공간으로 활용되었던 것을 알 수 있다.

연경당에는 여러 부속 건물이 있었는데, 그중 하나가 서재 겸 응접실로 사용된 선향재(善香齋)이다. 선향

연경당 전경(국가유산청 국가유산포털)

재의 좌우 벽면은 벽돌로 축조되었으며, 1870년대 말에 창건된 것으로 추정된다.

연경당에는 다양한 서적이 소장되어 있었다. 『연경당한문목록(演慶堂漢文目錄)』과 『연경당한문목록 부 언문목록(演慶堂漢文目錄 附 諺文目錄)』을 보면, 당시 연경당에 보관된 도서의 구성과 성격을 확인할 수 있다. 두 목록은 모두 1920년에 작성된 것으로, 『연경당한문목록』에는 417종의 한문 서적이 수록되어 있다. 『연경당한문목록 부 언문목록』은 같은 417종의 한문 서적을 기본으로 하되, 목록 말미에 214종의 언문 자료를 추가로 기재했다. 언문목록에는 『완월회맹연』, 『범문정충절언행록』, 『창란호연록』과 같은 장편 고전소설이 포함되어 있다.

이들 목록은 연경당의 도서를 한 차례 정리한 뒤 작성된 것으로 보이며, 그와 관련된 자료로 『연경당서분류목록(演慶堂書分類目錄)』과 1929년 이관 당시 작성된 『연경당도서인계목록(演慶堂圖書引繼目錄)』이 현존한다. 『연경당도서인계목록』은 1929년에 연경당 소장 서적을 이왕직(李王職)에 이관하면서 작성한 문서이다. 이 목록은 '도서 인계 서류' 1장과 '인계 도서 목록'을 열거한 별지 35장으로 구성되어 있다.

목록의 판하구에는 '이왕직(李王職)'이라는 인쇄 문구가 확인되는데, 이를 통해 목록이 이왕직 전용 괘지

(罫紙)에 필사되었음을 알 수 있다. 이는 곧 이왕직에서 주도적으로 이관 및 목록 작업을 진행했음을 보여주는 근거다. 이왕직은 1911년 이후 조선 왕족 관련 사무를 담당한 기관으로, 일본 궁내성에 소속되었다. 1910년 12월 30일 황실령(皇室令) 제34호로 공포되어 1911년 2월 1일부터 관제가 시행되었으며, 대한제국기의 궁내부를 계승한 조직이었다. 초기에는 서무계(庶務係)·회계계(會計係)·장시계(掌侍係)·장사계(掌祀係)·장원계(掌苑係)로 구성되었고, 이후 여섯 차례에 걸쳐 직제가 변경되었다. 1928년부터 1941년까지는 서무과·회계과·예식과·주전과(主殿課)로 운영되었다.

『연경당도서인계목록』에 첨부된 도서 인계 서류는 발제(發第) 59호 문서로, 이전부터 정리해 오던 연경당 별고(別庫) 소장 도서를 1929년 6월 19일부로 이관 완료했다는 내용이 담겨 있다.

『연경당도서인계목록』의 인계 서류에 첨부된 별지 목록을 보면, 제1호는 주전과 봉모당(主殿課 奉謨堂)에, 제2호와 제3호는 회계과 도서실(會計課 圖書室)에 각각 이관된 사실을 확인할 수 있다. 인계 서류 뒤에 수록된 '연경당도서목록 제1~3부'는 세로 6줄로 작성되었으며, 각 항목은 번호·서명·책수·질수(秩數)·종별(種別)·비고로 구성되어 있다. 기재 건수는 제1부 84건, 제2부 259건, 제3부 255건이다.

주전과 봉모당으로 인계된 84건의 서적에는 임금의 어필, 세자의 예필(睿筆), 왕후의 글씨, 정조와 효의왕후 김씨의 능인 건릉(健陵)에 관한 기록인 『건릉지(健陵誌)』, 『선원보략(璿源譜略)』 등 왕실 관련 자료가 포함되어 있다. 이밖에 『규장각지(奎章閣誌)』, 『대전회통(大典會通)』과 같은 제도서(制度書)도 보인다. 또한 인계 서적 가운데는 일본서도 확인되는데, 『당토명승도회(唐土名勝圖會)』 6책이 그것으로, 중국의 명승지를 그림과 함께 설명한 도서이다.

봉모당은 창덕궁 내 규장각의 부속 건물로, 조선 역대 국왕의 모훈(謨訓)을 봉안하기 위해 마련된 공간이다. 모훈은 임금에게 귀감이 되는 가르침이나 글을 뜻하며, 주로 왕실에서 보관하던 어제·어필·보첩·지장 등이 이곳에 소장되었다. 따라서 연경당 소장 서적 가운데 봉모당의 성격에 부합하는 자료들이 이곳으로 인계된 것으로 보인다.

1911년 당시 도서의 출납과 관리는 이왕가 서무계 도서실에서 담당했으나, 1928년 직제 개편으로 도서 관련 업무가 회계과로 이관되었다. 한편, 왕가의 보첩·인장 등은 주전과에서 별도로 관리했다. 이에 따라 1929년 관제 기준에 의하면 연경당 소장 도서 중 일반 서적은 회계과 도서실로, 왕실 보첩 관련 자료는 주전과 봉모당으로 이관하여 분리 관리한 것으로 이해된다.

제2부와 제3부는 이왕직 회계과 도서실로 이관된 자료로, 각각 259건과 255건의 서적이 수록되어 있다. 제2부에는 『소학(小學)』, 『대학(大學)』 등 유학 경전과 『자치통감(資治通鑑)』 같은 역사서, 『전당시(全唐詩)』 등 문학류 서적이 주를 이룬다. 반면 제3부에는 『훈국사례(訓局事例)』, 『전보장정(電報章程)』 등 정서류 자료가 다수 포함되어 있어, 서적의 주제별 분류에 따라 나누어 기재했음을 알 수 있다.

특히 『서전(書傳)』, 『서전언해(書傳諺解)』, 『시전(詩傳)』, 『주역(周易)』, 『주역언해(周易諺解)』 항목의 비고란에는 "소화 7년(1932) 1월 27일, 이하 53책은 장원실(掌苑室)로 이관함"이라 기록되어 있다. 장원실은 이왕직 서무과의 부속실로, 박물관·동물원·식물원 등을 관장하던 기관이다. 이는 연경당 도서가 이왕직으로 이관된 이후에도 자료의 성격에 따라 장원실 등으로 재분류·이동하여 관리되었음을 보여준다.

이혜정

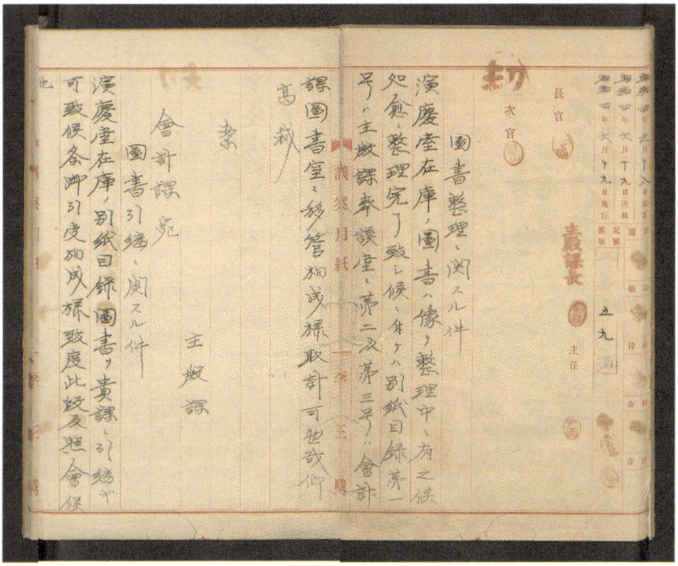

1928년 6월 18일 기안
1928년 6월 19일 결재
1928년 6월 19일 시행

도서정리에 관한 건

연경실에 있는 서고의 도서는 이미 정리 중이었는데, 이제 정리가 완료되었습니다. 이에 따라 별지 목록 제1호는 주전과 봉모당에, 제2호 및 제3호는 회계과 도서실에 이관될 예정입니다. 그렇게 처리하는 것이 어떻겠습니까.

주전과, 회계과 앞
도서인계에 관한 건
연경실에 있는 서고의 별지 목록 도서를 귀 과로 인계할 수 있도록 부탁드립니다. 이에 대하여 인수를 요청드립니다. 이 부분을 조회해 주시기 바랍니다.

『연경당도서인계목록』의 도서 인계 관련 서류 부분과 그 내용

7.

절초점, 풀잎으로 점친 앞날

'절초점(折草占)'은 『절초점지당시길흉(折草占知當時吉凶)』이라는 책 제목을 줄여 부르는 말이다. 제목에는 "풀을 꺾어 점을 치고, 그때의 길흉을 알아낸다"는 뜻이 담겨 있다. 점(占)은 현재의 사안을 통해 미래의 모습을 예측하는 방법이다. 특히 그 일이 길(吉)한지, 흉(凶)한지를 미리 판단하려는 행위라 할 수 있다. 미래는 아직 그 모습이 드러나지 않았기에 본질적으로 불가지(不可知)의 영역이다. 따라서 인간은 오직 전지전능한 신만이 그 세계를 알고 있다고 믿었으며, 신탁(神託)을 통해 앞으로 닥칠 일의 길흉과 성패(成敗)를 물었다.

그러나 신의 말씀은 곧바로 인간의 언어로 옮길 수 없었다. 그래서 신의 뜻이 깃들 수 있는 특별한 언어, 즉 '상징'이 필요했다. 상징은 신의 뜻이 머무는 사물이나 사건, 징조를 가리킨다. 꿈, 어떤 사물, 부호, 혹은 접신(接神)과 같은 행위까지도 모두 상징이 될 수 있다. 이 상징은 반쯤은 신에게 속하고, 반쯤은 인간에게 속한 언어이다. 인간은 오직 이 상징을 통해서만 신의 뜻을 해독할 수 있다. 접신은 특정한 인물만이 가능하지만, 사물이나 사건의 상징은 인간의 지혜로 접근할 수 있다. 대표적인 예가 갑골(甲骨)에 새겨진 상(象), 곧 조짐이다. 이를 읽고 풀이하는 행위를 점복(占卜)이라 했고, 이때부터 점복은 미래를 아는 방법의 대명사가 되었다.

이후 사람들은 오늘이나 내일에도 변치 않는 '수(數)'의 질서가 미래 예측과 밀접하다는 사실을 깨달았다. 이에 수를 이용한 예측법이 고안되었고, 이런 기술을 '술수(術數)'라 불렀다. 이처럼 상(象)과 수(數)가 결합하면서 미래를 아는 방법의 핵심이 되었고, 그 결과 '역(易)'이 탄생했다. 역은 팔괘(八卦)의 상과 수를 통해 미래의 향방을 읽어내는 가장 완성된 형태의 예지 체계였다.

오늘날 우리가 아는 『주역(周易)』은 이러한 전통의 정수로, 중국 주(周)나라 시대에 정비된 것이다. 주역의 근원은 점서(占書)에 있다. 훗날 우주와 세계의 원리를 탐구하고, 인간의 인격을 도야하는 철학으로 발전했으나, 그 깊은 바탕에는 여전히 불가지한 세계를 알고자 하는 인간의 욕망이 깃들어 있다.

그렇다면 풀 한 포기를 꺾는 일이 주역의 점과 무슨 관련이 있을까? 바로 여기에 '절초점'의 특징이 있다.

절초점은 주역의 형식을 본뜬 점서이다. 다만 주역이 정교하고 복잡한 데 비해, 절초점은 훨씬 단순하고 간편하다. 『절초점』은 풀을 꺾어 점을 치는 방법과 그 풀이를 밝히고 있다.

> 『절초점』의 점법은 풀이나 소나무 잎과 같은 종류를 꺾어서, 양손에 나누어 잡고, 각각 셋씩 덜어낸 뒤에, 왼손에 남은 수를 세로로 세우고, 오른손에 남은 수를 가로로 놓아서, 살피는 것이다.

주역은 주로 대나무 가지를 이용해 점을 친다. 대나무 가지를 왼손과 오른손으로 무작위로 나누어 숫자를 세고 덜어가며 괘(卦)를 만드는 방식이다. 이렇게 얻은 괘는 모두 64가지이며, 점을 치면 이 가운데 하나가 나온다. 점을 친 사람은 그 괘의 상징과 풀이된 글귀를 읽고 미래의 길흉을 판단한다.

절초점도 이와 유사한 원리를 따른다. 다만 절초점에서는 특별한 도구를 쓰지 않고, 주변에 흔히 있는 풀이나 나뭇가지를 이용한다. 손에 잡히는 대로 풀을 뽑아 양손에 나누어 쥔 다음, 왼손의 풀 무더기는 가로로 아래쪽에, 오른손의 풀 더미는 세로로 위쪽에 두어 주역의 괘처럼 배열한다. 그리고 아래쪽 더미를 셋씩 세어 나가며 나머지를 구하고, 위쪽 더미도 같은 방식으로 나머지를 구한다.

이때 위의 나머지는 1에서 3 사이의 수 중 하나이고, 아래의 나머지도 마찬가지이다. 따라서 3×3의 조합이 생겨 총 9가지의 형태가 자연스럽게 도출된다. 이것이 절초점의 9괘(卦)이다. 이후 각각의 괘에는 고유한 이름이 붙여졌는데, 그 이름은 다음과 같다.

- 세로1 가로1(一立一橫) 천상(天象)
- 세로1 가로2(一立二橫) 장중(張仲, 일이 중간 정도 진척됨)
- 세로1 가로3(一立三橫) 학흉(學凶, 흉함을 배우게 됨)
- 세로2 가로1(二立一橫) (※이름 없음)
- 세로2 가로2(二立二橫) 노군(老君, 나이 든 군자)
- 세로2 가로3(二位三橫) 전학(轉鶴, 학을 타고 신선으로 변함)
- 세로3 가로1(三位一橫) (※이름 없음)
- 세로3 가로2(三位二橫) 구설(口舌, 말다툼)
- 세로3 가로3(三位三橫) 상운(祥雲, 상서로운 구름)

위의 9가지 유형은 풀이나 나뭇가지를 꺾어 만든 일종의 괘이다. 9괘 가운데 2개는 이름이 전하지 않는다. 각 괘의 이름 아래에는 보통 네 글자로 된 짧은 글귀가 붙어 있는데, 이는 미래의 길흉을 나타내는 전형적인 점사(占辭)이다. 예를 들어 세로로 세운 풀 3개와 가로로 놓은 풀 3개로 이루어진 괘는 '상서로운 구름(祥雲)'이라 불리며, 길한 점으로 풀이된다.

> 군자는 지위를 얻고, 방문하는 이가 속히 돌아온다. 소인은 재물을 얻고, 만사가 모두 길하며, 병이 있는 이는 곧 낫는다.

풀을 꺾어 그 수를 헤아리다가 '상서로운 구름' 괘를 만나면, 앞으로의 모든 일이 순조롭고 길할 것임을 알게 된다.

그렇다면 『절초점(折草占)』은 누가 지은 책일까? 현재 한국학중앙연구원 장서각에 소장된 『절초점』은 저자와 편찬 시기, 필사자 모두가 미상(未詳)이다. 그러나 '한국고문서자료관'을 살펴보면 흥미로운 사실을 확인할 수 있다. 미국 버클리대학교 동아시아도서관에 소장된 『수록(隨錄)』이라는 책 속에 『절초점』이 일부 포함되어 있다는 점이다.

두 책을 비교해 보면, 9가지 괘의 형태는 동일하지만, 괘명과 점사는 서로 다르다. 다만 버클리본의 경우 장서각본보다 훨씬 완전하게 괘명과 점사가 기록되어 있다. 더욱 흥미로운 것은 이 『수록』 속 『절초점』

에는 지은이가 명시되어 있다는 점이다. 그 이름은 바로 범려(范蠡)이다.

> 옛적에 범려(范蠡)가 월나라에서 제나라로 가면서, 매번 이 점법을 써서 장래에 닥칠 일을 알고서 만에 하나도 실패하지 않았다.

범려는 와신상담(臥薪嘗膽)이나 오월동주(吳越同舟) 같은 고사에 등장하는 인물로, 월(越)나라 왕 구천(勾踐)을 도와 오(吳)나라를 멸망시킨 전략가였다. 그런데 왜 점을 치는 책의 저자가 범려로 전해지는 것일까? 아마도 그는 '때를 읽는 사람'으로 기억되었기 때문일 것이다.

범려는 나라가 부강해지자 "목적을 이룬 군주 곁에 머무는 것은 위험하다"는 것을 깨닫고 벼슬을 버렸다. 그리고 제(齊)나라의 저잣거리로 숨어들었는데, 『절초점』은 바로 이 시기에 지은 것이다. 그러나 범려는 세속을 떠난 은자가 아니라, 상업을 일으켜 거부(巨富)가 된 인물이었다. 그는 "언제 무엇을 사야 하고, 언제 팔아야 하는가"를 꿰뚫어 보았으며, 그 통찰로 막대한 재물을 쌓았다. 오늘날의 표현으로 하면 탁월한 '투자의 귀재'였던 셈이다.

그의 재주를 알고 제나라에서도 재상으로 삼으려

했지만, 범려는 이를 거절했다. "재물과 명예가 오래 지속되는 것은 화근"이라며 다시 도(陶)나라로 옮겼고, 그곳에서도 부를 이루었다. 그는 돈을 버는 '때'를 아는 데 천부적인 감각을 지닌 인물이었다. 『사기(史記)』 「화식열전(貨殖列傳)」에서도 이러한 범려의 재주를 언급했다.

때를 아는 자가 어찌 앞날의 길흉에 어두울 수 있겠는가? 범려는 주역의 방식을 본떠 『절초점』을 지었다. 우리 역사에서 절초점이 실제로 이용된 가장 이른 사례는 16세기 초로 거슬러 올라간다.

> 맑고 서리가 내림.
>
> ○아이를 돌보며 당(堂)에서 잤다. ○아침에 풀을 꺾어서 점을 보았는데 길(吉)이 나왔기에 절에 올라가기로 계획을 정했다.
>
> – 『묵재일기』 중

『묵재일기(默齋日記)』는 묵재(默齋) 이문건(李文楗, 1494~1568)이 1535년부터 1567년까지 20여 년 동안 기록한 일기이다. 어느 날 그는 절로 향하는 길이 불길한 것은 아닌지 마음이 불안해서 길을 나서기 전 절초점을 쳤다. 결과는 '길(吉)'이었고, 그는 안심한 채 발길을 옮겼다. 비록 나뭇가지나 풀잎을 꺾어 점을 치는 방식이 다소 단순하고 조잡해 보일 수도 있지만, 시문으로 이름난 선비가 이를 실제로 활용했다는 사실만으로도 절초점이 엉터리만은 아니었음을 짐작할 수 있다.

절초점은 주역을 모방한 점술서라는 점에서 특히 흥미롭다. 주역의 체계를 본뜬 다른 점서들도 존재하지만, 절초점은 주변의 사물을 이용해 간편하게 점을 칠 수 있고, 점사의 내용도 간결하다. 무겁고 엄숙한 주역의 점법과 달리 일상에서 손쉽게 활용할 수 있는 실용적 점서였던 것이다.

나뭇가지 끝의 잎을 하나씩 따며 "잘 될까, 안 될까"를 번갈아 묻다가, 마지막 남은 잎이 '잘 된다'에 멈출 때 느끼는 안도감—절초점은 바로 그런 마음의 움직임을 다독여 주는 방식이었다. 자연의 사물을 매개로 불안을 달래고 마음을 안정시키는, 옛사람들의 소박한 치유의 지혜였다.

그러나 그 단순한 행위의 이면에는 시대와 사람을 넘어선 '수(數)의 질서'가 놓여 있었다. 그 수는 단순히 양을 계산하는 수가 아니라, 자연이 보여주는 변함없는 운율 속에서 발견되는 상응(相應)의 법칙이었다.

이창일

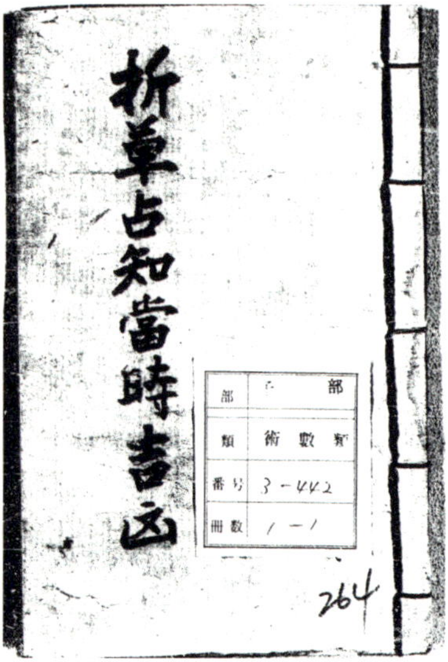
折草占知當時吉凶

部	部
類	術數類
番号	3-442
冊數	1-1

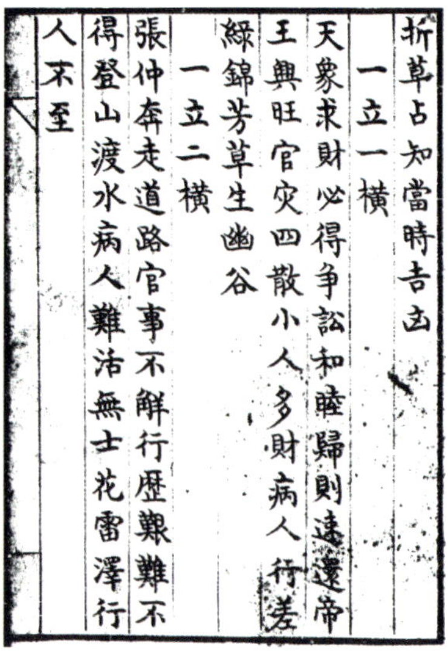
折草占知當時吉凶
一立一横
天象求財必得爭訟和睦歸則速還帝
王興旺官災四散小人多財病人行差
緑錦芳草生幽谷
一立二横
張仲奔走道路官事不解行歷艱難不
得登山渡水病人難治無士花雷澤行
人不至

『절초점지당시길흉』 표지(위)와 내용(아래)

참고문헌

■ 1차 자료

【사료류】

- 『고려사(高麗史)』.
- 『조선왕조실록(朝鮮王朝實錄)』.
- 『일성록(日省錄)』.
- 『승정원일기(承政院日記)』.
- 『경국대전(經國大典)』.

【문집류】

- 하겸진, 『회봉집(晦峰集)』.
- 『무안박씨세보(務安朴氏世譜)』(국립중앙도서관 소장).
- 『태학은배시집(太學銀杯詩集)』(한국학중앙연구원 장서각 소장).
- 『실재일승(實齋日乘) 二』(한국학중앙연구원 장서각 소장).
- 『일록(日錄)』(경기도박물관 소장).

【중국 전적】

- 『논어(論語)』.
- 『당육전(唐六典)』.
- 『영의해(令義解)』(吉川弘文館, 1939).
- 『영집해(令集解)』(臨川書店, 1999).
- 王溥(宋), 『당회요(唐會要)』.
- 歐陽修(宋), 『구양문충공집(歐陽文忠公集)』.

■ 논저

【한국어】

- 김갑주, 『조선시대 사원경제사 연구』, 경인문화사, 2007.
- 김선기, 「조선후기 사찰의 토지 소유와 변동: 해남 대둔사의 사례를 중심으로」, 『한국사연구』 200, 2023.
- 김선화, 「啓蒙篇의 편찬 배경과 異本에 관한 연구」, 『동방한문학』 81, 2019.
- 김학수 외, 『예안 광산김씨 오천 고문서 역주』, 한국학중앙연구원 출판부, 2017.
- 박성준, 「17세기 후반~20세기 초 궁방전에서 作導掌의 발생 기원과 작도장권에 대한 인식 변화」, 『한국사연구』 168, 2015.
- 박성준, 「통감부시기 황실재정정리기구의 궁방전 도장 정리와 도장권에 대한 인식」, 『역사문제연구』 22, 2018.
- 백승종, 「高麗 後期의 '八祖戶口'」, 『한국학보』 34, 1984.
- 손성필, 「조선시대 승려 賤人身分說의 재검토: 高橋亨의 주장에 대한 비판을 중심으로」, 『보조사상』 40, 2013.
- 송준호, 『李朝 生員進士試의 硏究』, 대한민국국회도서관, 1970.
- 송준호, 「韓國에 있어서의 家系記錄의 歷史와 그 解釋」, 『조선사회사연구』, 일조각, 1987.
- 심영환, 「朝鮮時代 所志類의 着官 연구: 慶州 驪州李氏 獨樂堂 所志類를 中心으로」, 『장서각』 14, 2005.
- 심영환, 「고려시대 장유교서 양식」, 『장서각』 18, 2007.
- 심영환·박성호·노인환, 『변화와 정착: 여말선초의 조사문서』, 민속원, 2011.
- 안승준 외, 『부안 우반 부안김씨 고문서 역주』, 한국학중앙연구원 출판부, 2017.
- 윤병태·박옥화·장순범 공저, 『韓國古文書整理法』, 한국정신문화연구원, 1994.
- 에드워드 와그너, 「韓國學 資料 電算化에 있어서의 諸問題: 事例報告」, 『한국학자료의 전산화연구』, 한국정신문화연구원, 1982.

- 에드워드 와그너 지음, 이훈상·손숙경 옮김, 「한국학 자료 전산화의 제 문제」, 『조선왕조 사회의 성취와 귀속』, 일조각, 2007.
- 윤지훈, 「茶山 丁若鏞의 아동 학습서 편찬에 대한 연구: 『兒學編』과 『小學珠串』을 중심으로」, 『동방한문학』 81, 2019.
- 이남희, 「朝鮮中期 譯科入格者의 身分에 관한 硏究」, 『청계사학』 4, 1987.
- 이병희, 「고려시기 僧侶의 個人財産」, 『전농사학』 7, 2001.
- 이준환, 「『名物小學』의 언어적 양상에 대하여」, 『언어와 정보사회』 49, 2023.
- 정긍식, 「16세기 첩자의 제사 승계권」, 『사회와 역사』 53, 1998.
- 주영하, 「한국학중앙연구원 장서각의 연구 현황과 향후 과제」, 『동양학』 82, 2021.
- 최용준, 「張混의 敎育活動과 初學敎材의 特性」, 안동대학교 석사학위논문, 2001.
- 한국정신문화연구원, 『고문서집성 5: 의성김씨천상각파편 I』, 1989.
- 한국정신문화연구원, 『고문서집성 9: 창원황씨편』, 1990.
- 한국학중앙연구원, 『고문서집성 65: 경주 옥산 여주이씨 독락당편』, 2003.
- 한국학중앙연구원, 『고문서집성 82: 영해 무안박씨 I 무의공(박의장) 종택』, 2008.
- 한국학중앙연구원, 『고문서집성 122: 양주 사릉 해주정씨 종가 고문서 I』, 2018.
- 한국학중앙연구원, 『고문서집성 123: 양주 사릉 해주정씨 종가 고문서 II』, 2018.
- 한국학중앙연구원, 『告身: 조선시대의 임명문서 읽기』, 2021.
- 허원영, 「한국학중앙연구원 장서각 고문서 사업의 전개와 성과」, 『장서각』 46, 2021.

【중국어】

- 唐君毅,『中西哲學思想之比較論文集』, 臺灣學生書局, 1988.
- 中村裕一,『唐代制勅研究』, 汲古書院, 1991.
- 『漢字字音演變大字典』, 江西教育出版社, 2012.

【일본어】

- 西嶋定生,「遣唐使と國書」,『倭國の出現: 東アジア世界のなかの日本』, 東京大學出版會, 1999(초판 1987).

【영어】

- Fang, Dongmei, *The Chinese View of Life: The Philosophy of Comprehensive Harmony*, Hong Kong: Union Press, 1957.
- Graham, Angus Charles, *Yin-Yang and the Nature of Correlative Thinking*, Institute of East Asian Philosophies, 1986.
- Granet, Marcel, *Fêtes et chansons anciennes de la Chine*, E. Leroux, 1919.
- Hall, David L. and Roger T. Ames, *Anticipating China: Thinking Through the Narratives of Chinese and Western Culture*, State University of New York Press, 1995.
- Keightley, David N., *These Bones Shall Rise Again: Selected Writings on Early China*, Albany, NY: State University of New York Press, 2015.
- Needham, Joseph, *Science and Civilisation in China*, Vol. 2, History of Scientific Thought, Cambridge University Press, 1991.

고문서에 담긴 삶의 조건들

지음 권이선 · 심영환 · 이은진 · 이재옥 · 이창일 · 이혜정 · 장원석 · 정수환 · 허원영

제1판 1쇄 발행일 2025년 12월 30일

발행인 김낙년 | **발행처** 한국학중앙연구원 출판부

출판등록 제1979-000002호(1979년 3월 31일)

주소 경기도 성남시 분당구 하오개로 323

전화 031-730-8773 | **팩스** 031-730-8775

전자우편 akspress@aks.ac.kr | **홈페이지** www.aks.ac.kr

ISBN 979-11-5866-839-6 (03910)